THOMAS LEDERMANN

Die Rechtsstellung des Kursmaklers an den deutschen Wertpapierbörsen

Untersuchungen über das Spar-, Giro- und Kreditwesen

Abteilung B: Rechtswissenschaft

Schriften des Instituts für internationales Recht
des Spar-, Giro- und Kreditwesens an der Universität Mainz

Herausgegeben von

Prof. Dr. Walther Hadding und Prof. Dr. Uwe H. Schneider

Band 65

Die Rechtsstellung des Kursmaklers an den deutschen Wertpapierbörsen

Von

Dr. Thomas Ledermann

Duncker & Humblot · Berlin

CIP-Titelaufnahme der Deutschen Bibliothek

Ledermann, Thomas:
Die Rechtsstellung des Kursmaklers an den deutschen Wertpapierbörsen / von Thomas Ledermann. – Berlin: Duncker und Humblot, 1990
(Untersuchungen über das Spar-, Giro- und Kreditwesen: Abt. B, Rechtswissenschaft; Bd. 65)
Zugl.: Darmstadt, Techn. Hochschule, Diss., 1990
ISBN 3-428-06990-0
NE: Untersuchungen über das Spar-, Giro- und Kreditwesen / B

D 17

Druck: Werner Hildebrand, Berlin 65
Printed in Germany

ISSN 0720-7352
ISBN 3-428-06990-0

Zur Einführung

Die wachsende Verflechtung der internationalen Finanzmärkte, der internationale Wettbewerb um den Ausbau der Finanzplätze, der Wettbewerb der Börsen und der Börsenteilnehmer in diesem Markt und die sich ändernden rechtlichen Rahmenbedingungen im deutschen, ausländischen, europäischen und internationalen Bereich haben zu vielfältigen Herausforderungen geführt. Sie reichen von der Einführung moderner Kommunikationstechniken über die Schaffung der gesetzlichen Voraussetzungen für einen leistungsstarken, international wettbewerbsfähigen Terminmarkt bis hin zur rechtlichen Neuordnung des Börsenwesens. Weitere Reformen stehen an. Dabei geht es nicht nur um Einzelfragen. Vielmehr steht die gesamte Organisation des deutschen Börsenwesens auf dem Prüfstand. Bewährtes ist zu sichern, Überholtes über Bord zu werfen.

Auch Besitzstände stehen in Frage. Indessen lassen sich die Schwierigkeiten, die sich beim Aufbruch versteinerter Strukturen des deutschen Börsenwesens stellen, nicht nur daraus erklären, daß man an regionalen und institutionellen Besitzständen festhalten will, sondern sie rühren auch daher, daß es einen erstaunlichen Mangel an wissenschaftlichen Arbeiten gibt, die sich mit Einzelheiten des deutschen Börsenwesens beschäftigen. So leidet die Diskussion um die Bedeutung, die Aufgaben und die Rechtsstellung des Kursmaklers nicht zuletzt daran, daß die tatsächlichen Entwicklungen und die geltende Rechtslage nicht aufgearbeitet sind. Vor diesem Hintergrund gewinnt die hier von *Thomas Ledermann* vorgelegte Arbeit besonderes Interesse. Der Verfasser geht davon aus, daß der amtliche Wertpapierhandel im Interesse des Anlegerschutzes der Mitwirkung neutraler Personen bedarf, um die teilweise konträren Belange der Beteiligten auszugleichen. Über die dabei vom Verfasser vertretenen Ansichten mag man unterschiedlicher Meinung sein. Gewißlich aber werden sie die Diskussion voranbringen.

Nicht unerhebliche Schwierigkeiten bereitete die Erfassung des Tatsachenmaterials. Dies wird nur verstehen, wer selbst auf dem Gebiet des Börsenwesens und des Börsenrechts gearbeitet hat. Allen, die ihre wertvolle Zeit Herrn Dr. Ledermann gewidmet haben, sei daher auch an dieser Stelle nochmals gedankt.

Mainz, im Mai 1990 — Walther Hadding, Uwe H. Schneider

Vorwort

Diese Untersuchung wurde im Januar 1990 vom Fachbereich Rechts- und Wirtschaftswissenschaften der Technischen Hochschule Darmstadt als Dissertation angenommen. Der Abschluß des Manuskriptes erfolgte Ende 1989. Einzelne danach eingetretene Entwicklungen konnten vor Drucklegung noch berücksichtigt werden. An dieser Stelle möchte ich darüber hinaus auf einen Richtlinien-Vorschlag der EG-Kommission hinweisen, der in Ergänzung der vorgesehenen Richtlinie über Wertpapier-Dienstleistungen dezidierte Mindestkapitalanforderungen für gemeinschaftsweit tätige Wertpapierfirmen normiert.

Herzlich bedanken möchte ich mich bei meinem verehrten akademischen Lehrer, Herrn Prof. Dr. Uwe H. Schneider, der bereit war, die Arbeit auf einem sonst eher vernachlässigten Rechtsgebiet jederzeit verständnisvoll zu betreuen und zu fördern. Prof. Dr. Udo Hielscher danke ich dafür, daß er die Annahme der Dissertation ebenfalls befürwortet hat.

Besonderen Dank schulde ich des weiteren Herrn Dr. Wilfried Pollinski, der diese Untersuchung angeregt und stets wohlwollend begleitet hat, sowie Herrn Klaus Mathis für die Vermittlung tiefer Einblicke in die Praxis seines Berufsstandes. Beide Herren haben keine durch mich verursachte Mühe gescheut und damit die Arbeit in der vorliegenden Form erst ermöglicht.

Den Herausgebern, Herrn Prof. Dr. Walther Hadding und Herrn Prof. Dr. Uwe H. Schneider, danke ich für die Aufnahme in ihre Schriftenreihe.

Gewidmet ist dieses Buch meinen Eltern.

Düsseldorf, im Mai 1990 Thomas Ledermann

Inhaltsverzeichnis

Abkürzungsverzeichnis

AGB-Banken	= Allgemeine Geschäftsbedingungen der privatrechtlich organisierten Kreditinstitute (Hrsg.: Bundesverband deutscher Banken e. V.)
BEK	= Börsenenquetekommission
BörsO	= Börsenordnung (der jeweiligen Börse)
BörsZulG	= Gesetz zur Einführung eines neuen Marktabschnittes an den Wertpapierbörsen und zur Durchführung der Richtlinien des Rates der Europäischen Gemeinschaften vom 5. März 1979, vom 17. März 1980 und vom 15. Februar 1982 zur Koordinierung börsenrechtlicher Vorschriften (Börsenzulassungsgesetz) vom 16. Dezember 1986 (BGBl. I, S. 2478 ff.)
BT-DrS	= Drucksache des Deutschen Bundestages
BZ	= Börsenzeitung
CV	= Centralverband des Deutschen Bank- und Bankiergewerbes
EAV	= Verordnung über die Einrichtung, die Zusammensetzung und das Verfahren des Ehrenausschusses (Ehrenausschußverordnung der jeweiligen Börse)
Einl.	= Einleitung
FAZ	= Frankfurter Allgemeine Zeitung
GebO	= Gebührenordnung (für die jeweilige Börse)
GebO KM	= Gebührenordnung für die Tätigkeit der Kursmakler (an der jeweiligen Börse)
GeschBed	= Bedingungen für die Geschäfte an den deutschen Wertpapierbörsen
HB	= Handelsblatt (Wirtschafts- und Finanzzeitung)
MaklerO	= Verordnung über die Rechtsverhältnisse der Kursmakler (Kursmaklerordnung an der jeweiligen Börse)
M / D / H / S	= Maunz / Dürig, Grundgesetz (Kommentar)
Müko	= Münchener Kommentar zum Bürgerlichen Gesetzbuch
ÖBA	= Österreichisches Bank-Archiv
o. V.	= ohne Verfasser
Rdnr.	= Randnummer
RMWi.	= Reichsminister der Wirtschaft

SZ	=	Süddeutsche Zeitung
SchGO	=	Schiedsgerichtsordnung (der jeweiligen Börse)
WiWo	=	WirtschaftsWoche
ZfgK	=	Zeitschrift für das gesamte Kreditwesen
ZHH	=	Zeitschrift für Handelswissenschaft und Handelspraxis

Im übrigen wird verwiesen auf Hildebert Kirchner, Abkürzungsverzeichnis der Rechtssprache, 3. Aufl., Berlin 1983.

A. Einleitung

Unter Wertpapierbörsen versteht man vornehmlich regelmäßige Marktveranstaltungen zur zeitlichen, örtlichen sowie personellen Konzentration des Handels umlaufender Effekten (Sekundärmärkte)[1]. Diese Konzentration sowie der hohe Organisationsgrad der Börsen gewährleisten eine ständige und reibungslose Geschäftsabwicklung zu geringen Transaktionskosten.

Besondere Anforderungen werden üblicherweise an die Transparenz des Marktes und die Sicherheit des Handelsverfahrens gestellt. Die Zusammenführung von Angebot und Nachfrage, die Feststellung der Börsenpreise und die Erfüllung der abgeschlossenen Geschäfte haben im Interesse der Beteiligten möglichst unbehelligt von sachfremden Einflüssen zu erfolgen, die Abläufe müssen jederzeit nachvollziehbar sein. Andererseits darf die Flexibilität des Handels nicht durch eine Vielzahl von Bestimmungen über Gebühr beschränkt werden.

Die gravierenden Interessengegensätze, die zwischen den am Handel Beteiligten — auch in ihrem Verhältnis zu dem an der Börse nicht auftretenden Anleger — bestehen, lassen sich naturgemäß in der unterschiedlichsten Art und Weise lösen. Dieser Umstand hat sich denn auch in der bunten, fast unübersehbaren Gestaltungsvielfalt der internationalen Börsenbestimmungen niedergeschlagen.

Eingehender Regelung bedarf grundsätzlich die Frage, welche Personen in welcher Funktion an der Börse tätig werden dürfen.

An den acht deutschen Wertpapierbörsen fungieren zwei Personengruppen als Vermittler zwischen den zum Handel zugelassenen Börsenbesuchern — fast durchweg Vertretern von Kreditinstituten: die Freimakler[2] sowie die Kursmakler, auch amtliche Makler genannt.

Beide Gruppen übernehmen „gewerbsmäßig für andere Personen die Vermittlung von Verträgen über Anschaffung oder Veräußerung von Wertpapieren, ohne von ihnen aufgrund eines Vertragsverhältnisses ständig damit betraut zu sein" (§ 93 Abs. 1 HGB). Freimakler wie amtliche Makler zählen damit zu den Handelsmaklern im Sinne der §§ 93 ff. HGB. Doch während

---

[1] Obst/Hintner, S. 1012 f. Ihre ursprüngliche Hauptfunktion als Emissionsmarkt (Primärmarkt) haben die Wertpapierbörsen dagegen weitgehend eingebüßt (s. Obst/Hintner, S. 1012).

[2] Zum Recht des Freimaklers s. Schlüter, S. 81 ff.; Walter, WM 1986, 1489 ff.

Freimakler weitgehend ungebunden von Beschränkungen auftreten können, wird das Tätigkeitsfeld der amtlichen Makler — einer Berufsgruppe, die an sämtlichen deutschen Börsenplätzen momentan rund einhundert Personen umfaßt — durch eine Reihe von Reglementierungen abgesteckt, die sich aus einer ihnen zusätzlich übertragenen Funktion erklären. Sie haben amtliche Börsenkurse festzustellen oder bei dieser Feststellung jedenfalls mitzuwirken. Die Ausgestaltung des Kursmaklerrechts ist aus diesem Grunde wesentlich durch das Bestreben geprägt, einen Mißbrauch dieser Stellung und unerwünschte Einflußnahmen zu unterbinden.

Das über lange Jahre gewachsene deutsche Börsensystem ist in letzter Zeit verstärkt in die Diskussion geraten[3]. Eine zunehmende Verbriefung von Forderungen und Beteiligungen, die Verzahnung der internationalen Finanzmärkte sowie die Einführung zahlreicher neuer Finanzierungsinstrumente haben zu einer erheblichen Steigerung des Umlaufs und Umschlages von Wertpapieren mit gravierenden Strukturveränderungen der Finanzmärkte geführt. Insbesondere die forciert betriebene Einführung elektronischer Systeme hat die Rolle der traditionellen Präsenzbörse und der sie tragenden Akteure in Frage gestellt.

Inwieweit es wünschenswert erscheint, die bestehenden Strukturen zu erhalten bzw. an die sich verändernden Verhältnisse anzupassen, kann sich erst erweisen, wenn man die Funktionen näher untersucht, die die einzelnen Beteiligten am Börsenhandel ausfüllen. In diesem Zusammenhang sind insbesondere diejenigen Personen von Interesse, die den Sitzungen an deutschen Börsen derzeit das typische Gepräge verleihen: Die Kursmakler.

---

[3] S. etwa HB v. 5.5.88; Schwark, Gutachten I, S. 5 f.

B. Die Rechtsquellen des Kursmaklerrechtes

Das Börsenrecht bildet eine Gemengelage aus privatrechtlichen und öffentlich-rechtlichen Rechtsbeziehungen[1] und unterliegt damit zwei einander widerstrebenden Tendenzen. Die am Handel beteiligten Personen suchen in der Regel eine in die Selbstverwaltung eingebundene Autonomie zu erreichen, während der Staat im Allgemeininteresse oftmals regelnd auf das Börsengeschehen einwirkt.

Auch das Recht des Kursmaklers wird durch diese Gemengelage bestimmt. Sein Status als Handelsmakler[2] eröffnet die Anwendbarkeit der einschlägigen Vorschriften des Handelsgesetzbuches (§§ 93 ff. HGB) sowie subsidiär derjenigen des Bürgerlichen Gesetzbuches (§§ 652 ff. BGB). Die herausgehobene Stellung, die er im Börsenverkehr einnimmt[3], hat allerdings eine Reihe von Modifikationen dieses Rechtes notwendig gemacht.

Den Ausgangspunkt für die Untersuchung des Kursmaklerrechtes bildet das Börsengesetz vom 22. Juni 1896 (BörsG)[4], das im II. Abschnitt den Rahmen hinsichtlich der Feststellung des Börsenpreises sowie des Maklerwesens absteckt.

Die näheren Bestimmungen über die Rechte und Pflichten der Kursmakler, ferner über ihre Bestellung und Entlassung, die Organisation ihrer Vertretung sowie ihr Verhältnis zum Staatskommissar und den Börsenorganen können von den Landesregierungen durch Erlaß von Rechtsverordnungen, der sogenannten Maklerordnungen (MaklerO), getroffen werden (§ 30 Abs. 2 S. 3 BörsG). Des weiteren besteht eine Ermächtigung der Landesregierung, eine Gebührenordnung für die Tätigkeit der Kursmakler (GebO KM) zu erlassen (§ 30 Abs. 3 S. 1 BörsG). Die Regelungsgewalt der Landesregierungen dokumentiert sich überdies in Verordnungen über die Wahl des Börsenvorstandes (§ 3 Abs. 3 BörsG) sowie des Ehrenausschusses (§ 9 Abs. 1 BörsG).

---

[1] S. Zahn, AG 1978, 1 ff.

[2] S. S. 40 ff.

[3] S. S. 38 ff.

[4] RGBl. I, S. 157 ff., zuletzt novelliert durch das Gesetz zur Änderung des Börsengesetzes v. 11. Juli 1989 (BGBl. I, S. 1412 ff.).

Als „Verfassung" der Börse bildet die Börsenordnung (BörsO)[5] das Kernstück börsenautonomen Rechtes. Auf ihrer Grundlage[6] wurden insbesondere spezielle Bedingungen für die Geschäfte an den deutschen Wertpapierbörsen (GeschBed) verabschiedet, die seit dem 1. Januar 1983 an sämtlichen Börsenplätzen einheitlich Geltung beanspruchen und Inhalt jedes an der Börse abgeschlossenen Geschäftes sind[7].

Über die genannten Regelungswerke hinaus sind die EG-rechtlichen Vorschriften zu berücksichtigen, die sich in der geplanten Wertpapierdienstleistungsrichtlinie finden[8].

---

[5] S. a. § 4 BörsG. In diesem Bereich zeigt sich ebenfalls der starke staatliche Einfluß auf die Börsen: Die Börsenordnung bedarf der Genehmigung durch die Börsenaufsichtsbehörde (§ 4 Abs. 4 BörsG).

[6] S. z. B. § 4 Abs. 2 Nr. 6 BörsO Düsseldorf.

[7] Obst/Hintner, S. 1030 ff.

[8] Einzelheiten s. S. 133 ff.

C. Die geschichtliche Entwicklung des Maklerrechtes

Das Institut des Kursmaklers war vor Erlaß des Börsengesetzes von 1896 unbekannt, seine Einführung jedoch eine folgerichtige Konsequenz der sich seit dem frühen Mittelalter in Deutschland vollziehenden Entwicklung im Maklerrecht[1].

I. Die Entwicklung bis zum Erlaß des Börsengesetzes

Zunächst bildete römisches wie germanisches Recht die Grundlage für die mannigfaltigen Vorschriften der einzelnen deutschen Staaten und Städte. Die nach römisch-rechtlichen Grundsätzen für jedermann bestehende Möglichkeit, das Vermittlungsgewerbe ohne Beachtung besonderer Verpflichtungen ergreifen und ausüben zu können, führte allerdings zur Geschäftsaufnahme vieler „unlauterer Elemente". Betrügereien und Vertrauensbrüche häuften sich[2].

Man sah sich daher zu Modifikationen des Rechtes veranlaßt, die trotz ihrer jeweils nur partikularrechtlichen Bedeutung viele Gemeinsamkeiten aufwiesen. Die Makler wurden nunmehr durch eine öffentliche Stelle, entweder eine kaufmännische Korporation oder den Magistrat, ausgewählt und vereidigt; vielfach organisierten sich die Vermittler zunft- oder innungsmäßig[3]. Der statuarisch festgelegte Maklerlohn durfte nicht überschritten werden[4], der Eigenhandel war regelmäßig verboten, um zu verhindern, daß die Makler als Konkurrenten der Kaufmannschaft auftraten. Außerdem war den Maklern im Laufe der Zeit vielerorts die Aufgabe der Feststellung von Preisen für die von ihnen vermittelten Waren zugefallen, so daß ein Bedürfnis bestand, persönliche Interessen an einer bestimmten Preisgestaltung auszuschalten[5]. Die für die Bestellung der Makler zuständigen Organe überwachten die Durchführung dieser Regelungen strengstens[6].

---

1 Ausführliche Darstellungen etwa bei Matthes, S. 10 ff.; Nedon, S. 9 ff.; Heymann, S. 321 ff.

2 Hock, S. 13.

3 Heymann, S. 329, 331.

4 Heymann, S. 330.

5 Hock, S. 13.

6 Heymann, S. 330.

Im Detail geriet die Ausgestaltung der Vorschriften naturgemäß höchst unterschiedlich. Es bildeten sich allerdings zwei rechtliche Grundtendenzen.

Das zugunsten der Makler wohl überall bestehende Vermittlungsmonopol[7] fand im süddeutschen häufiger als im hanseatisch-nordischen Raum Verstärkung durch einen Maklerzwang, der in der Konsequenz dazu führte, daß Makler auch hinsichtlich solcher Geschäfte eine Gebühr fordern durften, die ohne ihre Vermittlung zum Abschluß kamen[8]. Die Statuierung dieses Zwanges erklärt sich aus einer Anlehnung an italienisches Recht und der damit verbundenen deutlicheren Ausprägung des amtlichen Charakters der Maklerstellung. Vermittler sollten über oder zumindest zwischen den Parteien stehen, was sich insbesondere in einer hälftigen Courtagepflicht beider Auftraggeber niederschlug[9]. Entsprechend trat auch verstärkt die Neigung auf, den Maklern öffentlichen Glauben zu gewähren[10]. Dessen Grundlage bildeten entweder die vom Makler geführten Bücher in Verbindung mit seinem eigentlichen Zeugnis oder die Bücher allein. Im Gegenzug verbreitete sich eine Verpflichtung zur Buchführung[11]. Durch die Makler festgesetzte Preise wurden überdies vielerorts in Protokollen und Kurszetteln niedergelegt und dienten im Streitfalle häufig als Grundlage richterlicher Entscheidungen[12].

Im Gegensatz dazu wurde namentlich im Bereich des Hansebundes zunächst keineswegs die Begründung einer neutralen Maklerstellung angestrebt, sondern vielmehr die Käuferseite bevorzugt, etwa durch geringere Provisionssätze oder gar Courtagefreiheit[13].

Seit dem Ausgang des Mittelalters läßt sich die schrittweise Vereinheitlichung des Maklerrechtes in Richtung auf eine Stärkung des Amtscharakters konstatieren[14].

Größten Wert legte man auf das Verbot der „Pfuschmakelei". Verletzungen des dem Makler zustehenden Vermittlungsmonopoles durch ungenehmigte Tätigkeit oder teilweise auch durch Beauftragung eines nicht zugelassenen Maklers wurden unter Strafe gestellt, verbotswidrig abgeschlossene Geschäfte bisweilen für nichtig erklärt[15].

---

[7] Nedon, S. 10.

[8] Heymann, S. 331.

[9] Heymann, S. 330.

[10] Heymann, S. 332.

[11] Nedon, S. 11.

[12] Tilly, S. 92.

[13] Heymann, S. 330.

[14] Heymann, S. 332.

[15] Heymann, S. 334.

Die Pflicht des Maklers zur Unparteilichkeit rückte allmählich überall in den Vordergrund. Aus dieser Vorgabe wurden indessen recht unterschiedliche Konsequenzen gezogen. Überwiegend kam es zur Untersagung des Eigen- und Kommissionshandels sowie einer Beteiligung an Handelsgeschäften überhaupt. Außerdem suchte man teilweise durch das Verbot der Bildung von Maklergesellschaften eine gewisse Wettbewerbssituation aufrechtzuerhalten[16].

Parallel zur gewaltigen Ausdehnung, die der Handel infolge der beginnenden Industrialisierung auf der einen sowie der Entwicklung des Verkehrs-und Nachrichtenwesens auf der anderen Seite erfuhr, ließ die Bedeutung des Platzhandels, auf den der vereidigte Makler oft streng beschränkt war, immer weiter nach.

Diese Tatsache führte zu wachsenden Schwierigkeiten bei der Verteidigung seines Vermittlungsmonopoles gegen unvereidigte Konkurrenten, deren Aktivitäten beständig zunahmen. Das steigende Bedürfnis nach einer schnellen Abwicklung und dem Umsatz der hohen Summen insbesondere auch für auswärtige Händler erforderte Vermittler, die bereit und in der Lage waren, selbst als Kontrahent aufzutreten, falls sich die Besorgung einer Gegenpartei verzögerte[17]. Nur auf diese Weise ließen sich selbst kleinste Preisschwankungen konsequent ausnutzen.

Eine enorme Ausweitung erfuhren aus diesem Grunde Geschäftsabschlüsse durch Eigenhändler und Kommissionäre. Dieser Personenkreis erfreute sich in der Regel des Schutzes der sie in Anspruch nehmenden Kaufleute[18], die das den bestellten Maklern zustehende Vermittlungsmonopol als zunehmend lästiger empfanden[19]. Eine Argumentationshilfe bot das Gedankengut des aufkommenden Liberalismus, dessen Grundprinzipien „Freiheit" und „Eigentum" als Widerspruch zur Aufrechterhaltung von Monopolprivilegien und ausschließlichen Gewerberechten verstanden wurden[20].

Die Reformbedürftigkeit des Maklerrechtes trat immer offener zutage. Tendenzen, dem vereidigten Makler größeren Bewegungsspielraum dadurch zu verschaffen, daß ihm etwa die Übernahme einer Bürgschaft für von ihm vermittelte Geschäfte sowie der Eigenhandel zumindest mit Auswärtigen

---

[16] Heymann, S. 334. — In Bremen und Hamburg etwa waren dagegen Verbürgungen der Makler für von ihnen vermittelte Abschlüsse, in Hamburg sogar die Übernahme von Geschäften auf eigene Rechnung durchaus zulässig, da man den Vermittler an diesen Plätzen traditionell nur in Vertragsbeziehungen zu einem Kontrahenten sah (Heymann, S. 335).

[17] Heymann, S. 337.

[18] Hock, S. 19.

[19] Hock, S. 29.

[20] Heymann, S. 339.

gestattet wurden[21], gelangten jedoch nicht zum endgültigen Durchbruch. Das seit dem Jahre 1861 nach und nach in sämtlichen deutschen Teilstaaten in Kraft gesetzte ADHGB sanktionierte vielmehr die in der Praxis bereits vollzogene Entwicklung und beseitigte das ohnehin nur noch auf dem Papier stehende Vermittlungsmonopol, ohne den vereidigten Makler von seiner Pflichtenstellung zu entbinden[22]. Dem Partikulargesetzgeber war zwar freigestellt, das genannte Monopol wieder einzuführen; von dieser Befugnis wurde bis zu ihrer Beseitigung durch die Gewerbeordnung von 1869[23] indessen nirgends Gebrauch gemacht.

Mit Einführung des EGZPO im Jahre 1873 beseitigte der Gesetzgeber das letzte Vorrecht der amtlichen Makler, die erhöhte Beweiskraft der Maklerbücher und Schlußnoten[24]. Hilflos dem Konkurrenzdruck freier Vermittler ausgesetzt, versanken die vereidigten Warenmakler zur Bedeutungslosigkeit, so daß man vielerorts auf die Bestellung neuer Makler verzichtete[25].

In anderen Bahnen verlief die Entwicklung an den Wertpapierbörsen, und zwar aus der Einsicht heraus, daß der schnelle Abschluß zahlreicher Geschäfte in einigen wenigen Stunden des Tages ohne gewandte, eng mit dem Markt vertraute Vermittler nicht möglich und der in die Pflicht genommene Makler wegen seiner höheren Vertrauenswürdigkeit bei der Kursfeststellung unentbehrlich sei.

Allerdings ahmten die vereidigten Börsenmakler das Geschäftsgebaren der auch in diesem Bereich auftretenden ungebundenen Wettbewerber unter Verletzung ihrer Pflichtenstellung nach, tätigten also im großen Umfang Eigengeschäfte und übernahmen die Bürgschaft für von ihnen vermittelte Abschlüsse[26]. Zur Wahrung der Form schaltete man vielfach Strohmänner ein, die sich auf Rechnung des Maklers als Kontrahent benennen ließen[27].

II. Die Entwicklung seit Einführung des Institutes des Kursmaklers[28]

Das Börsengesetz von 1896 beseitigte zwar nominell das Institut des vereidigten Börsenmaklers, schuf mit dem des Kursmaklers aber ein nur leicht modifiziertes Berufsbild, das einen neutralen, privatrechtlich tätigen Ver-

[21] Vgl. die MaklerO Hamburg von 1824 (nach Heymann, S. 338).

[22] Heymann, S. 338 f.

[23] S. §§ 1, 5, 6 GewO.

[24] § 13 Zi. 2 EGZPO (s. a. Heymann, S. 341).

[25] Heymann, S. 340.

[26] Heymann, S. 337.

[27] Wiedenfeld, S. 26.

[28] Einzelheiten s. etwa bei Schwark, Einl. zum BörsG, Rdnr. 6 ff.

mittler zeigt, der wegen seiner Verpflichtung zur amtlichen Kursfeststellung bestimmten öffentlich-rechtlichen Bindungen unterliegt, andererseits aber dadurch privilegiert wird, daß regelmäßig nur die von ihm vermittelten Geschäfte bei der Kursfestsetzung Berücksichtigung finden[29].

Die weitere Rechtsentwicklung ist durch das Bestreben gekennzeichnet, den Kursmaklern eine gewisse Unabhängigkeit von den Börsenvorständen zu verschaffen. Diese Gremien sah man wegen ihrer engen Verbindung zur Kaufmannschaft nämlich nicht als neutrale Organe an[30].

Um die Jahrhundertwende wurde den Vorständen zunächst in einer Reihe von Maklerordnungen die Befugnis entzogen, die Geschäfte unter die Makler zu verteilen und Disziplinar- bzw. Ehrengerichtsverfahren anzustrengen. Die entsprechenden Kompetenzen verlagerten sich auf Standes- und Interessenvertretungen der Kursmakler, die Kursmaklerkammern[31].

Im Jahre 1934 folgte die Einführung der Bestimmung, daß der Kursmakler amtliche Kurse dem Grundsatz nach nicht mehr als Hilfsperson des Börsenvorstandes, sondern unter Aufsicht der Kursmaklerkammer, soweit eine solche besteht, eigenverantwortlich feststellen soll. Die Befugnis zur Regelung der Rechte und Pflichten von Kursmaklern wurde auf die Landesregierungen übertragen[32].

Durch die Börsenreform im Jahre 1975[33] billigte man den Maklern ein Beteiligungsrecht an der Besetzung der Börsenvorstände zu, schrieb die Errichtung von Kursmaklerkammern in bestimmten Fällen obligatorisch vor und verlagerte die Kompetenz zur Festsetzung des Maklerlohnes auf börsenunabhängige Stellen, nämlich die jeweils zuständige Landesregierung.

Mit Einführung des Geregelten Marktes an den deutschen Wertpapierbörsen durch das BörsZulG vom 16. Dezember 1986[34] eröffnete sich auch dem Kursmakler ein weiteres Betätigungsfeld[35].

Den gegenwärtigen Schlußpunkt der Entwicklung bildet der Erlaß der Börsengesetznovelle vom 11. Juli 1989[36], die auf dem Gebiet des Maklerrechtes im wesentlichen eine Änderung der Aufsichtsregelungen sowie Maßnahmen zur Absicherung erhöhter Risiken vorsieht[37].

---

[29] Heymann, S. 341 f.

[30] Schwark, Einl. zum BörsG, Rdnr. 13.

[31] Bremer, GdB, S. 31 f.

[32] Gesetz zur Änderung des BörsG vom 5. März 1934 (RGBl. I, S. 169 f.).

[33] Gesetz zur Änderung des BörsG vom 28. April 1975 (BGBl. I, S. 1013 ff.). Erläuterungen bei Degner, WM 1975, Beilage 3.

[34] BGBl. I, S. 2478 ff.

[35] S. S. 73 Fn. 263.

[36] BGBl. I, S. 1412 ff.

[37] Erläuterungen s. a. bei Kümpel, WM 1989, 1313.

D. Die Bestellung zum Kursmakler

I. Die Zuständigkeit für die Bestellung

In Deutschland wird das Recht zur Teilnahme am Börsenhandel durch Zulassung erworben, die der Börsenvorstand durch besonderen Beschluß ausspricht (§ 7 Abs. 1 BörsG).

Um die persönliche Unabhängigkeit des Kursmaklers zu gewährleisten, obliegt seine Bestellung hingegen der Börsenaufsichtsbehörde (§ 30 Abs. 1 S. 2 BörsG), das heißt dem mit der Börsenaufsicht befaßten Fachminister. Die Bestellung von Kursmaklern bedeutet nicht nur ein Recht, sondern auch eine Pflicht der Behörde (§ 30 Abs. 1 S. 1 BörsG), von der nur unter den Voraussetzungen des § 35 BörsG Abstand genommen werden kann.

II. Die Voraussetzungen der Bestellung

Durch den Bestellungsakt erlangt der Kursmakler kraft Amtes die Stellung eines handelsberechtigten Börsenbesuchers, ohne daß es einer weiteren Entscheidung seitens des Börsenvorstandes bedarf[1]. Die ihm obliegende Funktion der Kursfestsetzung schließt den freien Zugang zu den Börseneinrichtungen sowie die ungehinderte Teilnahme am dort stattfindenden Handel denknotwendig ein[2]. Dementsprechend finden die Vorschriften des Börsengesetzes[3] sowie der Börsenordnungen[4], die sich mit der Zulassung zum Börsenhandel[5] befassen, im Hinblick auf die Bestellung zum amtlichen Makler keine Anwendung.

Der lebhafte Börsenhandel, der formlose Abschlüsse über große Summen mit sich bringt, setzt indes ein hohes Maß an Integrität und Fachkenntnissen sowie ein gewisses Reaktions- und Kombinationsvermögen voraus. Die geltenden Maklerordnungen verlangen daher als Vorbedingung für eine Bestellung regelmäßig — entsprechend den Bestimmungen des Börsengesetzes und

---

[1] S. etwa § 10 Abs. 2 BörsO Düsseldorf. — Überdies umfaßt die Bestellung eine gewerberechtliche Erlaubnis zur Ausübung der Maklertätigkeit (s. § 34 c Abs. 1 und 5 Nr. 4 GewO).

[2] Stockburger, S. 532.

[3] § 7 BörsG.

[4] Z. B. §§ 10 ff. BörsO Düsseldorf.

[5] Zur Eignung etwa eines Freimaklers s. a. BVerwG, WM 1986, 963 ff.

der Börsenordnungen — die persönliche und fachliche Eignung des Kandidaten[6].

1. Die persönliche Zuverlässigkeit kann nur aufgrund eines tatsächlichen Umstandes in Zweifel gezogen werden, der sich auf die zu erwartende Geschäftsführung bezieht; Vermutungen reichen zur Begründung einer ablehnenden Entscheidung nicht aus. Da sich ein „Zuverlässigkeitskatalog", der sämtlichen Lebenssituationen gerecht wird, nicht aufstellen läßt, sind die ermittelten Umstände einer Wertung nach pflichtgemäßem Ermessen zu unterziehen[7].

Als zu berücksichtigende Umstände können etwa Bedeutung erlangen eine Bestrafung des Kandidaten wegen Vermögens- oder Steuerdelikten, der Verstoß gegen Ordnungsvorschriften bei einer Geschäftsführung[8], die Aberkennung bürgerlicher Ehrenrechte oder auch ein Verhalten im privaten wie geschäftlichen Bereich, das die Befürchtung begründet, das Berufsethos werde nicht geachtet[9].

2. Die fachlichen Anforderungen erfüllt regelmäßig, wer eine abgeschlossene Banklehre oder entsprechende Bankpraxis sowie ausreichende praktische Erfahrungen im Wertpapiergeschäft nachweist[10]; spezielle Ausbildungsgänge oder Prüfungen sind nicht vorgesehen[11].

Auch die Ablehnung eines Kandidaten wegen mangelnder fachlicher Eignung ist nur dann gerechtfertigt, wenn bestimmte Tatsachen eine entsprechende Vermutung begründen[12].

Bei Bedarf[13] an der Bestellung eines Kursmaklers erfolgt regelmäßig eine Auswahl unter den Kursmaklerstellvertretern[14]; dem geeignet erscheinenden Kandidaten wird die Übernahme des Amtes angeboten. Seltener kommt es zu der Bewerbung seitens eines Interessenten. Prioritätenlisten — etwa hinsichtlich des „Dienstalters" — bestehen nicht.

3. Im übrigen unterliegt der Kursmakler gewissen Mindestkapitalanforderungen, die sich in der Pflicht zur Erbringung einer Sicherheit äußern[15].

---

[6] S. etwa § 3 MaklerO Düsseldorf.

[7] Für den Parallelfall der Zulassung zum Bankgeschäft Reischauer/Kleinhans, § 33 Rdnr. 9 f.

[8] Reischauer/Kleinhans, §§ 33 Rdnr. 10.

[9] Huber, S. 771.

[10] Z. B. § 2 Abs. 1 MaklerO München.

[11] An der Börse in Frankfurt existiert allerdings eine Prüfungsordnung für Kursmaklerstellvertreter.

[12] Vgl. für die Zulassung zum Bankgeschäft Reischauer/Kleinhans, § 33 Rdnr. 10.

[13] Zur Bedürfnisprüfung s. S. 24 f.

[14] Einzelheiten zum Recht des Kursmaklerstellvertreters s. S. 117 ff.

[15] Einzelheiten s. S. 116 f.

Teilweise hat er darüber hinaus vor oder bei Aufnahme seiner Geschäftstätigkeit dem Börsenvorstand[16] bzw. der Kursmaklerkammer[17] nachzuweisen, daß er über genügend eigene Mittel zur jederzeitigen Erfüllung seiner Verbindlichkeiten aus Börsengeschäften verfügt.

III. Die Zulässigkeit von Bedürfnisprüfungen

Die Frage, ob die Börsenaufsichtsbehörde Bedürfnisprüfungen im Einzelfall oder gar im Sinne eines numerus clausus durchführen darf, entscheidet sich unter dem Regime des Grundgesetzes zunächst danach, ob der Beruf des Kursmaklers eher dem Regelungsbereich des Art. 33 GG oder dem des Art. 12 GG unterfällt.

Man wird entsprechende Prüfungen um so eher für zulässig erachten können, je mehr Charakteristika einer öffentlich-rechtlichen Tätigkeit ein Beruf aufweist. Liegt der Schwerpunkt hingegen auf einer privatrechtlichen Betätigung, dann besteht in dieser Hinsicht nur geringer Spielraum.

Für den amtlichen Makler hat sich seit langem ein festes, durch das Börsengesetz begründetes und durch die Praxis verfestigtes Berufsbild im Sinne des Art. 12 GG herausgebildet[18], das wesentlich durch die öffentlich-rechtliche[19] Funktion der Kursfeststellung geprägt wird. Eine Aufgabe, deren Erfüllung in die staatliche Zuständigkeit fällt bzw. staatlicher Kompetenz vorbehalten bleibt, ist jedoch grundsätzlich staatlicher Organisationsgewalt unterworfen. Diese Gewalt bildet eine legitime Schranke des Art. 12 Abs. 1 GG[20] und beinhaltet unter anderem die Befugnis, die Zahl der einzurichtenden „Amts"stellen in einer Weise zu begrenzen, die die ordnungsgemäße Aufgabenerledigung gesichert erscheinen läßt[21].

Eine vor Bestellung von Kursmaklern ermessensfehlerfrei durchgeführte Bedürfnisprüfung ist damit auch ohne ausdrückliche gesetzliche Regelung zulässig[22]. Ob ein Bedürfnis zur Bestellung von Kursmaklern besteht, hat die jeweilige Börsenaufsichtsbehörde nach Kriterien zu entscheiden, die das zu erwartende Arbeitsaufkommen sowie die Einkommensentwicklung der gesamten Kursmaklerschaft berücksichtigt[23].

---

16 §§ 29 Abs. 1 BörsO Stuttgart, 29 BörsO Bremen.

17 §§ 3 Abs. 2 MaklerO, 32 Abs. 1 BörsO Düsseldorf.

18 Stockburger, S. 527, 532.

19 S. S. 79 f.

20 So für den Notar M/D/H/S, Art. 12 Rdnr. 225.

21 Ähnlich bezüglich der Begrenzung von Notarstellen BVerwGE 17, 380.

22 Vgl. auch § 2 Abs. 1 MaklerO Berlin.

23 Schwark, § 30 Rdnr. 5.

Die Ablehnung eines Antrages auf Bestellung zum Kursmakler ist als Verwaltungsakt zu werten und daher im Wege der Verpflichtungsklage vor den Verwaltungsgerichten angreifbar.

IV. Formalia der Bestellung

Bei Amtsantritt leistet der Kursmakler vor dem Staatskommissar[24] oder der Börsenaufsichtsbehörde[25] einen Eid des Inhaltes, daß er die ihm obliegenden Pflichten getreu erfüllen werde[26], und erhält daraufhin eine Bestallungsurkunde[27].

Entgegen früherer Rechtslage[28] ist es der für die Bestellung zuständigen Behörde überlassen, ob sie eine spezielle Gebühr als Gegenleistung für den Bestellungsakt erhebt[29].

---

24 Z. B. § 3 Abs. 1 MaklerO Frankfurt.

25 Z. B. § 4 Abs. 1 MaklerO Bremen.

26 Z. B. § 3 Abs. 1 MaklerO Frankfurt.

27 Z. B. § 3 Abs. 3 MaklerO Frankfurt.

28 § 1 Nr. 3 GebO für die Genehmigung zur Ausgabe von Inhaberschuldverschreibungen und in Angelegenheiten der Aufsicht über Börsen, Hypothekenbanken und Schiffspfandbanken vom 21. Januar 1936 [RGBl. I, S. 40 f.; aufgehoben durch Art. 2 des Gesetzes zur Änderung des Börsengesetzes vom 28. April 1975 (BGBl. I, S. 1013 ff.)].

29 S. Begr. zu Art. 2 des Gesetzes zur Änderung des BörsG vom 28. April 1975 (BT-DrS 7/101, S. 13 f.).

E. Die Geschäftsverteilung

Nach seiner Bestellung hat der Kursmakler einen Anspruch auf Zuteilung eines Geschäftsbereiches (Einsetzung in ein „Skontro")[1], innerhalb dessen ihm die ausschließliche Zuständigkeit zur amtlichen Kursfeststellung[2] zusteht.

I. Die Zuständigkeit für die Geschäftsverteilung

Die für die Fassung des § 30 Abs. 2 S. 2 BörsG gewählte Formulierung, die Kursmaklerkammer sei bei der Verteilung der Geschäfte unter die einzelnen Kursmakler zu hören, hat Anlaß zu Meinungsverschiedenheiten darüber gegeben, ob die genannte Kompetenz auch der Kammer selbst zukommen kann.

Ein Teil der Literatur legt die Vorschrift dahingehend aus, daß die Zuständigkeit eines anderen Börsenorgans, nämlich regelmäßig des Börsenvorstandes, vorausgesetzt werde[3]; die Gegenmeinung betrachtet sie lediglich als Anordnung des Mindestumfanges von Rechten, die der Kursmaklerkammer zustehen, hält also auch eine Regelung für zulässig, die eine primäre Zuständigkeit der Kursmaklerkammer bzw. ihres Vorstandes begründet[4]. Die geltenden Bestimmungen sind entsprechend unterschiedlich ausgeformt[5].

Die zuerst genannte Ansicht charakterisiert die Geschäftsverteilung als Organisationsakt, der einen ordnungsgemäßen Handel ermöglichen und damit der Leitungsfunktion des Börsenvorstandes unterfallen soll[6]. In der älteren Literatur findet sich darüber hinaus das Argument, der Börsenvorstand, dem die Kompetenz zur amtlichen Kursfeststellung zustehe, sei zwar

---

[1] OVG Berlin E 7, 83. Der Begriff „Skontro" bezeichnet eigentlich das Hilfsbuch der Kursmakler, in das die Kauf- und Verkaufsorders zur Ermittlung der Kurse eingetragen werden (s. Büschgen, Stichwort „Skontro").

[2] S. S. 70 ff.

[3] CV-Trumpler, § 30 Anm. 18; Nußbaum, § 30 Anm. III a; Schwark, § 30 Rdnr. 5; Apt, Holdheim 1897, 303.

[4] Göppert, S. 156; Meyer/Bremer, § 30 Anm. 4; Hemptenmacher, § 30 Anm. 9.

[5] S. etwa §§ 9 Nr. 2, 10 Abs. 1 MaklerO Frankfurt gegenüber §§ 4 Abs. 2 Nr. 4 BörsO und 21 Abs. 1 Nr. 3 MaklerO Düsseldorf.

[6] Schwark, § 30 Rdnr. 5.

gehalten, zur Ausübung dieser Tätigkeit Kursmakler heranzuziehen, könne Art und Umfang dieser Mitwirkung jedoch eigenständig bestimmen[7].

Gerade in dieser Hinsicht hat sich allerdings ein evidenter Wandel vollzogen. Eine Zuständigkeit des Börsenvorstandes zur Kursfeststellung stellt an Wertpapierbörsen inzwischen den gesetzlichen Ausnahmetatbestand dar[8]. Die dadurch zum Ausdruck kommende Stärkung der Unabhängigkeit von Kursmaklern gegenüber dem Börsenvorstand verlangt gleichzeitig nach einer organisatorischen Absicherung. Mißliebigen Kursmaklern darf nicht die Gefahr drohen, in unattraktive Märkte „strafversetzt" zu werden, die einen hohen Arbeitsanfall bei vergleichsweise niedrigen Provisionserträgen erwarten lassen.[9]

Die hier vertretene Ansicht läßt sich durch eine weitere Erwägung stützen. Es wird nämlich kein Grund ersichtlich, weshalb einer Landesregierung bei der ihr obliegenden Organisation der Maklerkammern (§ 30 Abs. 2 S. 3 BörsG) gerade in Hinsicht auf die (Kursmaklerfragen betreffende) Kompetenz zur Geschäftsverteilung eine Schranke gezogen sein sollte[10].

Nach dem Börsengesetz wäre auch eine Verteilung der Geschäfte durch die Börsenaufsichtsbehörde selbst nicht ausgeschlossen. Von einer solchen Möglichkeit sollte jedoch kein Gebrauch gemacht werden, um die Selbstverwaltung der Börsen nicht auszuhöhlen.

II. Das Verfahren der Geschäftsverteilung

Die Verteilung der Zuständigkeiten unter die verschiedenen Makler bringt theoretisch eine Reihe von Schwierigkeiten mit sich.

Zunächst müssen sämtliche zum amtlichen Handel zugelassenen Wertpapiere bestimmten „Märkten" zugeteilt werden. In der Praxis wird diese Aufteilung in erster Linie danach vorgenommen, welcher Branche der Emittent angehört. Danach sind die Kursmakler in die einzelnen Märkte einzusetzen[11].

Da sich der jeweilige Umsatz in den einzelnen Papieren nicht genau abschätzen läßt, kommt es naturgemäß zu Ungleichgewichten zwischen den

---

[7] Nußbaum, § 30 Anm. III a.

[8] Vgl. § 29 Abs. 1 S. 2 BörsG, eingeführt durch das Gesetz zur Änderung des BörsG vom 5. März 1934 (RGBl. I, S. 169 f.).

[9] S. Freund, Holdheim 1897, 225. — Die genannte Gefahr wird besonders offenkundig, wenn man bedenkt, daß in manchen Papieren häufig Blocktransaktionen vorkommen, die bei gleichem Arbeitsanfall wesentlich höhere Provisionserträge erbringen als Geschäfte in sogenannten „marktengen" Papieren mit geringen Umsätzen.

[10] Göppert, S. 156.

[11] So ausdrücklich § 23 MaklerO Berlin.

Märkten. Die Umsatzzahlen sind überdies wegen der veränderlichen Bedingungen am Kapitalmarkt sowie der wechselhaften Aussichten, denen die Emittenten gegenüberstehen, einem steten Wandel unterworfen. Auch „Wichtigkeitskoeffizienten", wie etwa die Kapitalhöhe einer Gesellschaft bzw. das Emissionsvolumen einer Anleihe oder die Einschätzung einer Effekte als Anlage- oder Spekulationspapier[12] vermögen daher nur vage Aufschlüsse über die Umsatzentwicklung in einem Markt zu geben.

Zur Vermeidung der genannten Problematik sind in der Praxis zwei unterschiedliche Wege beschritten worden.

An der Bayerischen Börse in München wird zur Erzielung möglichst gleichmäßiger Courtageaufkommen ein Rotationsverfahren angewandt, demzufolge die bestehenden Märkte im bestimmten Turnus getauscht werden[13]. Dieses System birgt für den Makler allerdings den Nachteil häufiger Umstellung und erschwert die intensive Einarbeitung in einen bestimmten Markt[14].

An den übrigen Plätzen finden sich Poolabsprachen, die jedem Makler einen Anteil an der Gesamtheit der Provisionseinnahmen garantieren[15]. Regelungen, die eine Neuverteilung der Märkte nach Ablauf einer gewissen Zeitspanne vorsehen[16], wurden durch diese Vereinbarungen stillschweigend außer Kraft gesetzt[17].

---

12 Hock, S. 56.

13 Tilly, S. 173 Fn. 26.

14 Pfleger/Gschwindt III, S. 63.

15 Tilly, S. 173 f.; s. a. S. 68 ff.

16 Etwa § 10 Abs. 1 MaklerO Frankfurt.

17 Hock, S. 61.

F. Die Mitgliedschaft in den Börsenorganen

Die Verwaltung der Börsenangelegenheiten obliegt besonderen Gremien, die als Börsenorgane bezeichnet werden[1].

Maßgebenden Anteil an ihrer Besetzung haben regelmäßig die zum Börsenbesuche zugelassenen Kreditinstitute. Aus diesem Umstand resultiert häufig ein Spannungsverhältnis zwischen Börsenorganen und Maklern, die sich vielfach unangemessen vertreten fühlen[2].

I. Die Mitgliedschaft im Börsenvorstand

Das zentrale Gremium der Börsenverwaltung bildet der Börsenvorstand[3].

Sein Aufgabenbereich umfaßt die Leitung der Börse (§ 3 Abs. 1 S. 2 BörsG), die Bestellung der Börsengeschäftsführung (§ 3 Abs. 1 S. 3 BörsG), die Zulassung zum Börsenbesuch (§ 7 Abs. 1 BörsG), den Erlaß der Börsenordnung (§ 4 Abs. 1 S. 1 BörsG) sowie der Gebührenordnung für die Zulassung zum Börsenbesuch und die Zulassung von Wertpapieren zum Börsenhandel (§ 5 Abs. 1 BörsG), die Handhabung der Ordnung in den Börsenräumen (§ 8 Abs. 2 BörsG), die Zulassung von Wertpapieren zum Börsenterminhandel (§ 50 Abs. 1 BörsG) und — zumindest an den Börsen, an denen eine Kursmaklerkammer nicht besteht, teilweise aber auch darüber hinaus[4] —die Feststellung der amtlichen Börsenpreise (§ 29 Abs. 1 S. 1 BörsG)[5].

Ein Kursmakler zählt zwar nicht zu dem Personenkreis des § 3 Abs. 2 S. 1 BörsG, der aus seiner Mitte[6] die Mitglieder des Börsenvorstandes bestimmt[7],

---

[1] Zahn, AG 1978, 3. Die Bezeichnung „Börsenorgan" wird allerdings untechnisch gebraucht, da die Börsen eine eigene Rechtspersönlichkeit nicht aufweisen (Huber, S. 631). Einem Börsenorgan kommt in der Regel Behördencharakter zu, so daß seine Maßnahmen als Verwaltungsakte einzustufen sind und damit der Überprüfbarkeit durch die Verwaltungsgerichte unterliegen (Zahn, AG 1978, 4).

[2] S. AG 1987, R 86.

[3] Schwark, § 3 Rdnr. 11.

[4] S. S. 76 ff.

[5] Einzelheiten s. S. 70 ff.

[6] Die konkrete Zusammensetzung des Börsenvorstandes richtet sich nach den Vorschriften der Börsenordnung (s. etwa § 5 BörsO Düsseldorf). Neben Vertretern von Kreditinstituten sind in der Regel auch Vertreter der Industrie- und Handelskammern, der Wertpapieremittenten, der Anleger, der Kapitalsammelstellen sowie der Börsenbesucher,

seine aktive wie passive Wahlberechtigung wird jedoch in der Vorschrift des § 3 Abs. 3 S. 3 BörsG vorausgesetzt.

Die Einzelheiten der Vorstandswahl können durch Verordnung der Landesregierung geregelt werden[8], die Bestimmungen über die Aufteilung in Wählergruppen enthalten und bei Wertpapierbörsen sicherstellen müssen, daß die Berufsgruppe der Kursmakler durch zumindest zwei Mitglieder, in dem Falle, daß eine Kursmaklerkammer nicht besteht, durch mindestens ein Mitglied vertreten wird.

Die amtlichen Makler genießen somit einen Vorzug gegenüber den freien Börsenmaklern, denen nach der Gesetzeslage nur ein Mindestmandat im Börsenvorstand zugestanden wird. Aus diesem Grunde vertraten Bundesrat und Wertpapierbörsen anläßlich der Novellierung des Börsengesetzes im Jahre 1975[9] den Standpunkt, die bestehende Regelung verstoße gegen das Gleichheitsgebot[10]. Die Kritik erscheint insofern berechtigt, als der öffentlich-rechtlichen Aufgabenstellung der Kursmakler bereits durch Konstituierung einer eigenen Vertretungskörperschaft, der Kursmaklerkammer[11], Rechnung getragen wurde[12].

II. Die Mitgliedschaft bei der Zulassungsstelle und im Zulassungsausschuß

1. Über die Zulassung von Wertpapieren, die mit amtlicher Notierung an der Börse gehandelt werden sollen, entscheidet die Zulassungsstelle (§ 37 Abs. 1 S. 1 BörsG).

Mindestens die Hälfte ihrer Mitglieder wird durch Personen gestellt, die sich nicht berufsmäßig am Börsenhandel mit Wertpapieren beteiligen (§ 37 Abs. 2 BörsG). Vice versa können die „Berufshändler", zu denen wegen ihrer teilweise recht umfangreichen Eigengeschäftstätigkeit auch die Kursmakler zählen[13], ebenfalls bis zur Hälfte der Mitglieder stellen.

2. Über die Zulassung zum Börsenhandel mit nicht-amtlicher Notierung (Geregelter Markt) befindet der Zulassungsausschuß (§ 71 Abs. 3 BörsG),

---

die an der Börse unselbständig Geschäfte abschließen, im Börsenvorstand zu finden (vgl. etwa § 5 Abs. 4 bis 6 BörsO Düsseldorf).

7 Einzelheiten Schwark, § 3 Rdnr. 8 ff.

8 Näheres zu diesen Wahlverordnungen siehe in der Musterwahlverordnung für die Wertpapierbörsen (abgedruckt bei Schwark, § 3 Rdnr. 16).

9 BGBl. I, S. 1013 ff.

10 Beyer-Fehling/Bock, § 3 Anm. 4.

11 S. unten S. 32 f.

12 Beyer-Fehling/Bock, § 3 Anm. 4.

13 Schwark, § 36 Rdnr. 8 bei Fn. 18; a. A. wohl Nußbaum, § 36 Anm. IV c.

für dessen Zusammensetzung regelmäßig solche Vorschriften Anwendung finden, die den für die Zulassungsstelle einschlägigen nachgebildet sind[14].

III. Die Mitgliedschaft in Schiedsgerichten, Gutachter- und Ehrenausschüssen

Nicht durchweg als Börsenorgane einzuordnen sind die Schiedsgerichte und Gutachterausschüsse. Vereinzelt handelt es sich um „ähnliche Anstalten" im Sinne des § 1 Abs. 3 BörsG[15].

1. Die Schiedsgerichte sind zur Entscheidung über Streitigkeiten aus Börsengeschäften berufen[16]. Ihre Gestaltung unterliegt der Börsenselbstverwaltung, die näheren Vorschriften finden sich in besonderen Schiedsgerichtsordnungen[17].

Die Voraussetzungen der Mitgliedschaft in einem Schiedsgericht sind unterschiedlich geregelt. Anknüpfungskriterium ist etwa die Zulassung zum Börsenbesuch[18] oder die Mitgliedschaft im Börsenvorstand[19]. Diese Kriterien können regelmäßig auch in der Person eines Kursmaklers erfüllt sein.

2. Schiedsgutachterausschüsse[20] entscheiden über diejenigen Tatsachen, die für die Schlichtung eines Rechtsstreites erheblich sind, oder stellen die Tatbestandselemente eines Anspruches fest. Der praktisch wichtigste Ausschuß beurteilt die Lieferbarkeit solcher Wertpapierurkunden, deren Ordnungsmäßigkeit beanstandet wird[21].

Schiedsgutachterausschüsse werden durch den Börsenvorstand eingesetzt[6]; aufgrund ihrer Sachkenntnis können auch Kursmakler berufen werden[22].

3. Sämtliche Börsenbesucher, also auch die amtlichen Makler, sind dem Spruch der Schiedsgerichte und Sachverständigenkommissionen nach Maßgabe der Usancen unterworfen[23].

Der „Gerichtsbarkeit" der Ehrenausschüsse, die im gewissen Rahmen Handlungen ahnden können, die mit der Ehre oder dem Anspruch auf

[14] S. z. B. § 47 Abs. 1 BörsO Düsseldorf.

[15] Bremer, GdB, S. 75.

[16] S. etwa § 39 BörsO Düsseldorf; Einzelheiten s. Bremer, GdB, S. 74 ff.

[17] S. etwa SchGO Hamburg v. 12. März 1969; SchGO Düsseldorf v. 8. Dezember 1982.

[18] Etwa § 2 Abs. 1 S. 1 SchGO i.V.m. § 10 Abs. 2 BörsO Düsseldorf.

[19] Etwa § 2 Abs. 1 S. 1 SchGO Hamburg.

[20] Diese Ausschüsse werden auch als Sachverständigen- oder Dreimännerkommissionen bezeichnet (Bremer, GdB, S. 76).

[21] S. z. B. § 40 BörsO Düsseldorf.

[22] Matthes, S. 61.

[23] Matthes, S. 60.

kaufmännisches Vertrauen nicht vereinbar sind[24], unterstehen amtliche Makler hingegen nicht (§ 9 Abs. 1 S. 3 BörsG)[25]. Dieser Exklusivität entspricht der Umstand, daß Kursmakler den Ehrenausschüssen nicht angehören dürfen[26].

IV. Die Mitgliedschaft in der Kursmaklerkammer

Als Standes- und Interessenvertretung der amtlichen Makler fungiert an der Börse die Kursmaklerkammer, eine Einrichtung, die gemäß § 30 Abs. 2 S. 1 BörsG bei jeder Börse zu bilden ist, an der mindestens acht Kursmakler bestellt sind. Im übrigen steht die Errichtung einer Kammer im Belieben der zuständigen Landesregierung.

Die im Jahre 1975 in das Börsengesetz eingeführte Bestimmung[27] stellte die korporative Vertretung der amtlichen Makler auf eine eindeutige Rechtsgrundlage, nachdem lange umstritten war, ob ihr eine selbständige Organisationsform zu verleihen ist[28]. Kammerneugründungen sind in der Form einer (Zwangs-)Körperschaft öffentlichen Rechts vorzunehmen; vor der Novellierung des Gesetzes errichteten Kammern war freigestellt, ihre bisherige Rechtsform beizubehalten[29]. Die Organisation der Maklervertretung und ihr Verhältnis zu den Staatskommissaren sowie den übrigen Börsenorganen wird durch die zuständige Landesregierung geregelt (§ 30 Abs. 2 S. 3 BörsG).

Die wesentliche Aufgabe der Kammer besteht darin, über das Ansehen ihrer Mitglieder zu wachen sowie Sorge für eine gewissenhafte und lautere Berufsausübung der Kursmakler zu tragen[30]. Um dieser Aufgabe nachkommen zu können, hat der Kammervorstand regelmäßig die Befugnis, die Maklerbücher einzusehen und Auskünfte zu verlangen[31]. Ein Verstoß gegen die dem Kursmakler obliegenden Amtspflichten kann teilweise disziplinarische Ahndung zur Folge haben[32].

Die laufenden Geschäfte der Kammer werden ebenfalls durch den Vorstand erledigt. Zu seinem Tätigkeitsbereich zählt insbesondere die gerichtliche und außergerichtliche Vertretung der Kammer, die Verteilung der Geschäfte unter die Makler bzw. die Mitwirkung bei diesem Vorgang[33], sowie

---

[24] S. Schwark, § 9.

[25] Einzelheiten zur Aufsicht über Kursmakler s. S. 120 ff.

[26] S. etwa §§ 2 Abs. 1 EAV Düsseldorf, 2 Abs. 1 EAV Bremen.

[27] S. BGBl. I, S. 1013 ff.

[28] S. Franke, ZfgK 1975, 646.

[29] Degner, WM 1975, Beilage 3, 20.

[30] S. z. B. § 15 Abs. 3 MaklerO Düsseldorf.

[31] S. z. B. § 21 Abs. 2 MaklerO Düsseldorf.

[32] S. z.B. §§ 21 ff. MaklerO Frankfurt.

[33] S. S. 26 ff.

die Schlichtung von Streitigkeiten zwischen Kursmaklern und ihren Auftraggebern oder der Kursmakler untereinander[34].

Kammervorstand und -bedienstete üben ihre Tätigkeiten als Beamte sowohl im straf- wie im haftungsrechtlichen Sinne aus[35]. Eine Kammer kann daher berechtigt sein, Dienstsiegel zu führen[36].

Ausgaben der Kammer werden durch Beiträge und Umlagen der Makler gedeckt, die teilweise im Verwaltungsvollstreckungsverfahren beigetrieben werden können[37]. Im Gegenzuge steht dem einzelnen Kursmakler regelmäßig die Berechtigung zu, Einblick in die Rechnungslegung der Kammer zu nehmen[38].

---

[34] Z. B. § 21 MaklerO Düsseldorf.

[35] Schwark, § 30 Rdnr. 2.

[36] S. § 2 S. 2 des Gesetzes über die Errichtung einer Kursmaklerkammer bei der Hanseatischen Börse Hamburg vom 13. September 1976 (Hamburgisches GVBl. I, S. 195).

[37] Z. B. § 24 Abs. 3, § 25 Nr. 3 MaklerO Berlin.

[38] Z. B. § 25 S. 2 MaklerO Düsseldorf.

G. Sonstige Mitgliedschaften

I. Die Teilhabe an der Börsenträgerschaft

Als Träger[1] deutscher Börsen fungieren entweder Industrie- und Handelskammern[2] oder private Vereine[3]. Den Industrie- und Handelskammern gehören die Kursmakler aufgrund ihres Status als eingetragene Kaufleute an[4], die Mitgliedschaft in den Börsenvereinen richtet sich nach den einschlägigen Satzungen.

Auch in diesem Zusammenhang läßt sich eine gewisse Ausgrenzung der Maklerschaft konstatieren. Die Satzung des Trägervereines der Rheinisch-Westfälischen Börse zu Düsseldorf sieht beispielsweise die Möglichkeit des Erwerbes einer ordentlichen Mitgliedschaft nur durch Kreditinstitute vor, während Maklern lediglich der Erwerb einer außerordentlichen (fördernden) Mitgliedschaft offensteht[5].

II. Die Mitgliedschaft im Kassenverein

Der Kassenverein ist ein Spezialinstitut zur Sammelverwahrung von Wertpapieren und zur Abwicklung des Wertpapiergiroverkehres. Das DepG benutzt daher die Bezeichnung „Wertpapiersammelbank“[6].

---

[1] Der Träger tritt beim Abschluß von Rechtsgeschäften für die Börse auf, der eine eigene Rechtspersönlichkeit bislang nicht zukommt. Außerdem obliegt ihm die Aufbringung der Mittel zur Durchführung des Börsenhandels (vgl. etwa § 2 Abs. 1 S. 2 BörsO Frankfurt; s. a. Zahn, AG 1978, 3; Huber, S. 626).

[2] So bislang die Rechtslage an der Börse in Frankfurt (s. § 2 Abs. 1 BörsO). Zu den Plänen, diese Börse in die Trägerschaft einer Aktiengesellschaft zu überführen, s. HB v. 24.1.90.

[3] So die Rechtslage an den Börsen in Bremen, Düsseldorf, Hamburg, Hannover, München und Stuttgart (s. § 2 Abs. 1 der jeweiligen Börsenordnung). Die Börse in Berlin wurde mit Wirkung vom 1.1.1990 von der Trägerschaft der dortigen IHK in die eines Vereines überführt.

[4] Die Pflichtmitgliedschaft resultiert aus § 2 Abs. 1 und 2 des Gesetzes zur vorläufigen Regelung der Industrie- und Handelskammern vom 18. Dezember 1956 (BGBl. III 701-1).

[5] S. § 5 der Satzung.

[6] Einzelheiten s. §§ 5 ff. DepG; Obst/Hintner, S. 617 ff.; Büschgen, Stichwort „Kassenverein“. Ende 1989 kam es zur Verschmelzung der vordem selbständigen Kassenvereine in Berlin, Düsseldorf, Hamburg, München und Stuttgart mit dem Frankfurter Kassenverein. Die nunmehr allein tätige Wertpapiersammelbank firmiert unter der Bezeichnung „Deutscher Kassenverein AG“.

Der Kassenverein führt für jeden Kontoinhaber ein Depotkonto, auf dem die Effektenbestände getrennt nach Wertpapierkennummern verbucht sind und das den Miteigentumsanteil an dem Gesamtbestand der jeweils bei der Sammelbank eingelagerten Wertpapiergattung ausweist[7].

Seiner Verpflichtung, dem Käufer das Eigentum an einer gehandelten Effekte zu verschaffen, kann sich ein Kontoinhaber dadurch entledigen, daß er diesem Miteigentum an den zum Sammelbestand des Kassenvereines gehörenden Stücken verschafft[7]; die Erfüllung des Geschäftes wird durch die Sammelbank gewährleistet.

Da derzeit nur Kreditinstitute ein Konto bei der Wertpapiersammelbank unterhalten dürfen[8], ist den Kursmaklern faktisch die Möglichkeit verschlossen, als Vertragspartei im eigenen Namen und für eigene Rechnung aufzutreten[9]. Mangels Gewährleistung der Erfüllung durch einen Kassenverein wird der amtliche Makler auf die Vermittlungstätigkeit sowie den Abschluß von Aufgabegeschäften im Sinne des § 95 Abs. 1 HGB[10] beschränkt.

Zu bedenken ist allerdings, daß dem Kursmakler nach § 32 Abs. 2 BörsG durchaus die Befugnis zusteht, (unter gewissen Voraussetzungen) Eigengeschäfte abzuschließen[11]. Mit dieser Rechtslage kann eine Praxis nicht im Einklang stehen, die dieses Recht aushöhlt, indem sie den Makler von börsenmäßigen Einrichtungen ausschließt, deren Benutzung die Voraussetzung für die technische Abwicklung solcher Abschlüsse bietet[12]. Überdies bildet die Sammelbank ein Monopol auf dem Gebiet des Effektengiroverkehres und ist auch unter diesem Gesichtspunkt verpflichtet, jeden geeigneten Bewerber als Kontoinhaber zuzulassen[13].

III. Die Mitgliedschaft im Bundesverband der Kursmakler

Zur überregionalen Interessenvertretung wurde im Jahre 1970 der Bundesverband der Kursmakler gegründet.

Der Verband dringt auf eine stärkere Beteiligung der amtlichen Makler an den Entscheidungsvorgängen, die Börsenfragen betreffen, insbesondere auf einen gesteigerten Einfluß in den maßgeblichen Gremien[14].

---

7 Büschgen, Stichwort „Kassenverein“.

8 Kritik bei Schwark, Gutachten II, S. 38 f.

9 Schwark, Gutachten I, S. 81.

10 Einzelheiten zur Eigen- und Aufgabegeschäftstätigkeit s. S. 99 ff.

11 Einzelheiten s. S. 101 ff.

12 S. Schwark, Gutachten I, S. 81.

13 Zur Kontrahierungspflicht eines Monopolverbandes vgl. etwa BGHZ 63, 282 ff.

14 S. AG 1987, R 86.

H. Die Tätigkeit des Kursmaklers

I. Die Stellung des Kursmaklers im Börsengeschehen

1. Der Geschäftszweig einer Börse

Der Geschäftszweig einer Börse bestimmt sich nach der einschlägigen Börsenordnung[1]. Grundsätzlich lassen sich Waren- und Wertpapierbörsen unterscheiden. Während an Warenbörsen Rohstoffe und landwirtschaftliche Erzeugnisse umgeschlagen werden, dienen Wertpapierbörsen dem Abschluß von Handelsgeschäften in Effekten[2], ihnen gleichstehenden Rechten[3] und Wechseln, an einigen Plätzen auch von Zahlungsmitteln aller Art und Edelmetallen[4].

Den Gegenstand der folgenden Ausführungen bildet ausschließlich der Handel und die Notierung von Effekten und effektengleichen Rechten[5].

2. Die Marktsegmente des Wertpapierhandels

a) Als Folge eines Systems unterschiedlicher Vorschriften in bezug auf die Zulassung von Effekten zum Handel, auf das Bestehen und den Umfang von Publizitäts- und Verhaltenspflichten der Wertpapieremittenten sowie auf das Verfahren des Handels und der Preisfeststellung haben sich hierzulande drei Börsensegmente herausgebildet, an denen sich der Wertpapierhandel vollzieht[6].

Der amtliche Markt als dasjenige Segment, das den strengsten Regelungen unterworfen ist (§§ 29 ff. BörsG), umfaßt die an der Börse zustandegekom-

---

[1] § 4 Abs. 2 Nr. 1 BörsG.

[2] Zum Begriff s. Zöllner, S. 8 ff.; Einzelheiten hinsichtlich der verschiedenen Wertpapierkategorien s. bei Obst/Hintner, S. 1015 ff.

[3] Ein Beispiel bilden die sogenannten Schuldbuchforderungen (s. Obst/Hintner, S. 1016).

[4] Vgl. Schwark, § 4 Rdnr. 10 f.; s. a. § 96 BörsG.

[5] Zum Begriff der Warenbörse s. Schwark, § 1 Rndr. 2 bis 4; zum Begriff der Devisenbörse s. Schwark, § 96.

[6] Einzelheiten s. bei Claussen, S. 45 ff.; Schwark, NJW 1987, 2041 ff.; Schäfer, ZIP 1987, 953 ff.; Woopen, ZIP 1986, 254 ff.

menen Abschlüsse in Wertpapieren, die zur amtlichen Kursnotiz zugelassen sind, soweit die Geschäfte durch Kursmakler vermittelt werden und eine amtliche Preisfestsetzung durchgeführt wird[7].

Ebenfalls börsengesetzliche Grundlagen weist der Geregelte Markt auf. Die Anforderungen an eine Zulassung von Wertpapieren zu dem Handel in diesem Segment fallen jedoch geringer aus als im amtlichen Markt (s. §§ 71 ff. BörsG). Besonderes Merkmal stellt eine Notierung von Kursen dar, die zwar nicht-amtlich, aber unter „amtlicher Aufsicht" stattfindet[8].

Amtlicher und Geregelter Markt lassen sich daher zusammenfassend als „öffentlich-rechtlicher Markt" bezeichnen.

In den Freiverkehr, einen privatrechtlich organisierten Markt, können Wertpapiere einbezogen werden, die weder zur amtlichen Notierung noch zum Geregelten Markt zugelassen sind (§ 78 BörsG). Über die Einbeziehung entscheidet der an jeder Börse bestehende Freiverkehrsausschuß. Es bestehen besondere Handelsrichtlinien, deren Einhaltung die Börsenvorstände im Wege der Mißbrauchsaufsicht überwachen[9].

b) Eine weitere Differenzierung der Märkte richtet sich nach dem Zeitpunkt, zu dem ein Geschäftsabschluß erfüllt werden muß. In den Kassamärkten hat die Erfüllung sofort oder jedenfalls kurzfristig zu erfolgen[10], in den Terminmärkten zu einem bestimmten späteren Zeitpunkt[11].

c) Die genannten Marktsegmente fungieren als „Handwerkszeug" des Berufshandels, der private Investor tritt nicht in Erscheinung[12]. Er hat sich vielmehr an ein Kreditinstitut zu wenden, das seinen Auftrag entweder als Kommissionär mit Selbsteintrittsrecht oder als Eigenhändler ausführt[13]. Die notwendige Deckung verschafft sich das Kreditinstitut über die Wertpapiermärkte, an denen es teilweise selbst tätig wird, im übrigen aber einen zugelassenen Börsenmakler einschaltet.

Der Kursmakler, der die gewerbsmäßige Vermittlung von Effekten — mit später noch zu erörternden Einschränkungen[14] — in sämtlichen Wertpapiermärkten besorgen darf und in gewissem Umfange auch Eigengeschäfts-

[7] §§ 29 ff. BörsG; s. Schönle, S. 454.

[8] Woopen, ZIP 1986, 260; Mülhausen, Die Bank 1988, 342 ff.

[9] S. AG 1988, R 154; HB v. 29./30.4.1988; Franke, HB v. 30.8.88.

[10] Nach den Usancen sind die Börsengeschäfte am zweiten Börsentag nach Geschäftsabschluß zu beliefern. Der Gegenwert ist bei Lieferung zu zahlen, frühestens jedoch am zweiten Börsentag nach Geschäftsschluß (s. § 15 GeschBed).

[11] Schönle, S. 463.

[12] Zahn, AG 1978, 1.

[13] S. § 29 AGB-Banken.

[14] S. S. 42 ff.

aktivitäten entfaltet[15], steht demgemäß nur in Vertragsbeziehung zu berufsmäßigen Wertpapierhändlern.

Seine Domäne bildet der amtliche Markt, der sich im Interesse eines wirksamen Anlegerschutzes — wie bereits erwähnt — durch eine starke Reglementierung sowie eine erhöhte Qualität der Preisfeststellung auszeichnet.

3. Die Tätigkeit des Kursmaklers im amtlichen Markt

Die Bedeutung der amtlichen Preisfeststellung erklärt sich insbesondere aus den handelsrechtlichen Vorschriften über die Selbsteintrittskommission (§ 400 ff. HGB)[16].

In diesem Zusammenhang kommt dem Kursmakler vornehmlich die Aufgabe zu, dem Publikum, das selbst am Börsengeschehen nicht beteiligt ist, durch eine faire Vermittlung und Preisfeststellung die Gewähr zu bieten, daß es von den beauftragten Kommissionären nicht übervorteilt wird.

Da die einschlägigen Bestimmungen weitgehend vereinheitlicht wurden[17], stimmt das Handelsprocedere im amtlichen Markt sämtlicher deutscher Börsenplätze im wesentlichen überein[18].

Der Handel an den deutschen Wertpapierbörsen verläuft gegenwärtig nach dem Versteigerungs- bzw. Auktionsverfahren. Das bedeutet allerdings nicht, daß die Wertpapiere wie bei einer Versteigerung im herkömmlichen Sinne einzeln aufgerufen werden und die Interessenten ihre Gebote abgeben. Durchgeführt werden vielmehr das sogenannte Einheitskursverfahren sowie ein fortlaufender (variabler) Handel[19].

a) Die Tätigkeit im Einheitsmarkt

Der Handel im sogenannten Einheitsmarkt vollzieht sich in der Weise, daß die Börsenhändler dem amtlichen Makler bis zur Preisfestsetzung Orders erteilen, ohne vorläufig zu wissen, welcher Kurs dem später abgeschlossenen Geschäft zugrunde liegen wird. Die Aufträge werden in der Reihenfolge ihres Einganges — nach Käufen und Verkäufen getrennt — in das Skontrobuch eingetragen.

---

[15] Einzelheiten s. S. 99 ff.

[16] S. a. S. 71.

[17] Maßgebend sind in diesem Zusammenhang die einschlägigen Börsenordnungen sowie die Bedingungen für die Geschäfte an den deutschen Wertpapierbörsen.

[18] S. etwa Tilly, S. 45 ff. Zu den Vor- und Nachteilen des Verfahrens vgl. Tilly, S. 72 ff.; Schwark, Gutachten I, S. 12 ff.

[19] Schwark, Gutachten I, S. 8 f.

Zu einem vom Börsenvorstand im voraus bestimmten Zeitpunkt beginnt der Makler mit der Feststellung des in jeder Börsensitzung für eine Wertpapiergattung nur einmal errechneten („Einheits-")Kurses. Zunächst unterrichtet er die übrigen Börsenteilnehmer durch Ausruf einer Taxe oder Preisspanne von der Marktlage. Diese erhalten damit Gelegenheit, weitere Orders aufzugeben bzw. bereits erteilte Aufträge zu stornieren oder abzuändern. Ist die Kursfestsetzung im Rahmen der Taxe oder Spanne möglich, dann schließt der Kursmakler die Aufnahme und rechnet den Kurs[20]. Anderenfalls wird eine neue Taxe bzw. Spanne aufgerufen und der geschilderte Verfahrensablauf wiederholt[21].

Mit der Kursfeststellung endet der Schwebezustand[22] — die Aufträge sind ausgeführt. Die festgesetzte Notiz wird als Preis sämtlichen Geschäften zugrunde gelegt, die der Kursmakler im betreffenden Papier zustande bringen kann; diejenigen Aufträge, deren Limits außerhalb des gerechneten Kurses liegen[23], werden nicht ausgeführt.

Ein nach Kursfeststellung verbliebener Überhang wird nach Möglichkeit ebenfalls zum festgesetzten Preis gehandelt oder, soweit das dem Auftrag nicht widerspricht, in das Skontro des nächsten Handelstages übernommen.

b) Die Tätigkeit im variablen Handel

Wertpapieremissionen, die einen regen Umsatz erwarten lassen, können zusätzlich zur fortlaufenden Notierung (dem variablen Handel) zugelassen werden[24].

Im variablen Handel wird während der ersten halben Stunde der Börsensitzung nach der Technik der „Gerechneten Kurse" ein Anfangskurs (Eröffnungskurs) formuliert, dem usancemäßig alle Aufträge des außenstehenden Publikums zugrunde liegen, die zu Börsenbeginn bei den Börsenhändlern der Kreditinstitute eingegangen sind[25].

Danach vermittelt der Kursmakler fortlaufend individuell die ständig eintreffenden Aufträge, sofern sie die vorgeschriebene Umsatzmenge[26] auf-

---

20 Das Ergebnis dieser Berechnung wird als gerechneter oder formulierter Kurs bezeichnet (Tilly, S. 57).

21 § 5 Abs. 2 und 4 GeschBed.

22 S. etwa Tilly, S. 74.

23 Also Verkaufsorders, die höher, sowie Kaufaufträge, die niedriger limitiert waren als der errechnete Preis.

24 An den Wertpapierbörsen in Hamburg und Bremen sind traditionell alle amtlich notierten Werte zum variablen Handel zugelassen (s. Oppermann, S. 87, Fn. 1; Obst/Hintner, 37. Aufl., S. 845).

25 Tilly, S. 75.

26 Im variablen Handel ausführbar sind nur sogenannte „runde Schlüsse", das sind

weisen, ohne daß diese jeweils gesammelt werden müßten, und vermerkt den Preis des ausgeführten Geschäftes an der Kursanzeigetafel bzw. auf seinen Maklerzetteln[27]. Aus der Vielzahl der Geschäftsabschlüsse ergibt sich auf diese Weise eine Kette notierter Kurse[28].

Für den variablen Handel ist also der Geschäftsabschluß zu einem individuellen Preis charakteristisch. Das Umsatzvolumen eines Abschlusses spielt nur insofern eine Rolle, als daß jedem Geschäft die Mindestschlußzahl zugrunde liegen muß. Aufträge in variabel gehandelten Papieren, die die Mindestschlußzahlen nicht erreichen, also Kleinorders und Spitzen größerer Aufträge (Kleinigkeiten), sowie solche Aufträge, die nach ausdrücklicher Weisung zum Einheitskurs abgerechnet werden sollen, bilden die Grundlage des Kassakurses, der nach Ablauf etwa der Hälfte der Börsenzeit nach der Einheitskursmethode errechnet wird.

Die Bedeutung des Schlußkurses differiert an den verschiedenen Börsen. Während darunter an einigen Plätzen der letzte registrierte Kurs verstanden wird, stellt er an den anderen Börsen einen nach dem Einheitskursverfahren errechneten Preis dar, der auf denjenigen Aufträgen basiert, die bei Schluß der Börsensitzung vorliegen[29].

c) *Zusammenfassung*

Das Tätigkeitsbild des Kursmaklers stellt sich demnach ambivalent dar.

Einerseits betreibt er die Vermittlung von Geschäften in Wertpapieren, die zum amtlichen Handel zugelassen sind, gleichzeitig stellt er aber auch die Preise der von ihm vermittelten Werte fest oder wirkt bei diesem Vorgang zumindest mit.

II. Die Vermittlungstätigkeit des Kursmaklers

1. Die Rechtsnatur der Vermittlungstätigkeit

Seine Vermittlungstätigkeit entfaltet der amtliche Makler auf der Grundlage von Maklerverträgen. Von einem Kursmaklervertrag spricht man in

---

Aufträge, die bei Aktien in der Regel einen Nennbetrag von 50 Stück, bei festverzinslichen Wertpapieren einen Nennbetrag von 3.000,- DM oder ein Vielfaches dieser Beträge ausmachen (Tilly, S. 76; Bley, S. 224).

[27] S. Büschgen, Stichwort „Variabler Markt".

[28] Diese Notizen werden auch als registrierte Kurse bezeichnet (Tilly, S. 76).

[29] S. Büschgen, Stichwort „Schlußkurs". Die herrschende Terminologie, die zwischen Handel im Einheitsmarkt und zur fortlaufenden Notierung streng unterscheidet, ist da-

diesem Zusammenhang, wenn sich der Vertrag auf den Handel eines Wertpapieres bezieht, für dessen amtliche Kursfeststellung der Makler zuständig ist[30].

Obwohl die Vermittlung im amtlichen Markt mit der in öffentlich-rechtlichen Bahnen[31] ablaufenden Kursfeststellung in einem „engen organischen Zusammenhang" steht[32], wird auch der Kursmaklervertrag allgemein als zumindest überwiegend privatrechtlich klassifiziert[33].

Diese Einordnung entspricht der geschichtlichen Entwicklung des Maklerinstitutes, nach der die wirtschaftliche Basis der Maklertätigkeit — und damit ihr Schwerpunkt — in der privatrechtlichen Vermittlung von Handelswaren liegt. Die Aufgabe der Kursfestsetzung fiel der Maklerschaft gewissermaßen nebenbei zu, weil man deren Mitglieder aufgrund ihrer ausgeprägten Kenntnis der Marktsituation als Sachverständige ansah. Eine öffentliche Funktion sollte der Kursmakler ausschließlich in Ansehung der Preisfeststellung ausüben, in bezug auf seine Vermittlungstätigkeit dagegen ebenso behandelt werden wie ein nicht-amtlicher Handelsmakler, nämlich als (gewerbetreibender) Kaufmann[34].

Auch das geltende Börsengesetz selbst charakterisiert die Vermittlungstätigkeit incidenter als privatrechtliches Gewerbe im Sinne des § 1 Abs. 2 Nr. 7 HGB, indem es in § 32 Abs. 3 die Aufnahme eines „sonstigen" Handelsgewerbes unter Erlaubnisvorbehalt stellt.

Der amtliche Makler betreibt demnach das Gewerbe eines Handelsmaklers im Sinne der §§ 93 ff. HGB: Er übernimmt gewerbsmäßig für andere Personen die Vermittlung von Verträgen über Anschaffung oder Veräußerung von Wertpapieren, ohne von ihnen aufgrund eines Vertragsverhältnisses ständig damit betraut zu sein. Neben den handelsrechtlichen Bestimmungen sind damit auch (subsidiär) die maklerrechtlichen Vorschriften der §§ 652 ff. BGB anwendbar.

Modifikationen des allgemeinen Maklerrechtes erklären sich aus dem Bedürfnis, zur Kursfeststellung nur besonders ausgewählte und beaufsich-

---

nach insofern ungenau, als sich unter den variablen Notizen mit dem ersten und unter Umständen mit dem letzten Kurs auch solche Preise befinden, die wie ein Einheitskurs festgestellt werden (Dalwigk, S. 19, Fn. 62; Schmidt, S. 133, Fn. 1, bezeichnet diese Preise daher als „besondere Einheitskurse im Handel zur fortlaufenden Notierung").

[30] Matthes, S. 70, 81 f.

[31] S. S. 79 f.

[32] Matthes, S. 49. Bei der Kursfestsetzung werden grundsätzlich nur durch Kursmakler vermittelte Geschäfte berücksichtigt, andererseits besteht nur unter dieser Voraussetzung ein Anspruch auf Berücksichtigung des Geschäftes zur Kursfestsetzung (s. a. S. 84 f.).

[33] Matthes, S. 49; Schwark, § 30 Rdnr. 7.

[34] Demgemäß lautete § 34 Abs. 1 BörsG i. d. F. v. 22. Juni 1896 (RGBl. I, S. 157) ausdrücklich: „Für die Vermittlung von Börsengeschäften findet eine amtliche Bestellung von Handelsmäklern ... nicht statt."

tigte Börsenbesucher zuzulassen[35], deren Interesse an einer bestimmten Preisgestaltung möglichst gering sein soll. Es findet sich aus diesem Grunde eine Reihe von Regelungen, die bestimmte Beschränkungen der Geschäftstätigkeit statuieren[36].

Der amtliche Makler kann selbst bei minimalem Geschäftsumfang nach der Art seines Betriebes, der kaufmännische Bildung und eine Buchführung voraussetzt, nicht als kleingewerbetreibender „Krämermakler" und damit als Kaufmann im Sinne des § 4 HGB angesehen werden[37]. § 104 HGB bleibt unanwendbar. Der Makler unterliegt damit der Verpflichtung, seine Eintragung in das Handelsregister zu veranlassen[38]. Ferner hat er kaufmännische Bücher zu führen und während der vorgesehenen Zeiträume aufzubewahren[39].

Die gewerberechtlichen Vorschriften bezüglich Zulassung[40] und Überwachung werden durch die einschlägigen börsenrechtlichen Bestimmungen verdrängt.

2. Der Gegenstand eines Maklervertrages

Den Inhalt eines Kursmaklervertrages bildet die Vermittlung von Börsengeschäften in solchen Wertpapieren, für die der Kursmakler bei der amtlichen Feststellung der Börsenpreise mitwirkt oder für die ihm diese Feststellung selbst übertragen ist (§ 32 Abs. 1 BörsG).

Aktivitäten außerhalb dieser Zuständigkeit entfaltet er als Freimakler[41] auf der Grundlage (schlichter) Maklerverträge, deren Gegenstand indes ebenfalls durch seine amtliche Funktion beeinflußt wird.

a) Eine wesentliche Einschränkung der Betätigung resultiert aus der Vorschrift des § 32 Abs. 1 S. 2 BörsG[42]: Die Kursmakler dürfen während der Börsenzeit nur in den ihnen zugewiesenen Wertpapieren handeln. Durch ein solches Verbot soll dem Anschein entgegengewirkt werden, Kursmakler könnten sich gegenseitig besonders ertragreiche Geschäfte zuspielen oder bei außergewöhnlichen Kursbewegungen mitwirken[43].

---

[35] Göppert, S. 149.

[36] S. S. 99 ff., 107 ff.

[37] Nußbaum, Anlage zum II. Abschnitt, Anm. II.

[38] Riesenfeld, Holdheim 1898, 10 ff.; OLG Dresden, OLGRspr. 8, 245.

[39] §§ 38 HGB, 33 BörsG; Einzelheiten s. S. 70 f.

[40] § 34 c Abs. 5 Nr. 4 GewO.

[41] Schwark, § 29 Rdnr. 7.

[42] Eingeführt durch Gesetz zur Änderung des Börsengesetzes vom 11. Juli 1989 (BGBl. I, S. 1412 ff.).

[43] S. BT-DrS 11/4177, S. 11.

b) Soll der amtliche Handel eines Wertpapieres, für dessen amtliche Preisfestsetzung der Kursmakler zuständig ist, durch Aussetzung der Kursnotiz unterbunden werden[44], dann darf er diese Maßnahme nicht unterlaufen, indem er dieses Wertpapier nunmehr in seiner Funktion als Freimakler, also nicht-amtlich, vermittelt[45].

Eine andere Wertung wird man treffen müssen, wenn der Handel eingestellt ist, weil die Marktlage nur unregelmäßig Umsätze eines Wertpapieres zuläßt. Besteht die Möglichkeit, einzelne Geschäfte zustande zu bringen, dann darf dem Kursmakler die Vermittlung als Freimakler nicht verwehrt sein[46].

c) Aufgrund der vor Einführung des Börsenzulassungsgesetzes[47] geltenden Fassung des § 43 S. 2 BörsG durfte ein Kursmakler Geschäfte in solchen Wertpapieren nicht vermitteln, deren Zulassung zum amtlichen Börsenhandel verweigert oder nicht nachgesucht war. Entsprechendes galt für Wertpapiere, die zwar zugelassen, jedoch entweder noch nicht in den amtlichen Handel eingeführt oder vom Börsenhandel ausgeschlossen waren[48]. Aus der genannten Vorschrift wurde teilweise abgeleitet, daß dem Kursmakler die Teilnahme am geregelten Freiverkehr untersagt sei[49].

Dieser Ansicht, der bereits die Praxis entgegenstand, kann nach Aufhebung der entsprechenden Regelung nicht mehr gefolgt werden.

d) Nach § 42 Abs. 2 BörsG dürfen Wertpapiere, die zur öffentlichen Zeichnung aufgelegt sind, erst nach beendeter Zuteilung eingeführt werden. Vor diesem Zeitpunkt ist der Kursmakler gehindert, eine amtliche Feststellung des Preises vorzunehmen. Die Vermittlung selbst ist nach dem Wortlaut des Gesetzes nicht untersagt. Sobald der Makler einen Handel in erheblichem Umfang betreibt, setzt er sich jedoch mit der Zielsetzung des § 42 Abs. 2 BörsG in Widerspruch, ein Verhalten, das mit seiner öffentlich-rechtlichen Gebundenheit nicht zu vereinbaren wäre[50].

e) Eine außerbörsliche[51] Vermittlungstätigkeit des Kursmaklers ist unbeschränkt zulässig. Die einschlägigen Vorschriften des Börsengesetzes beziehen sich ausschließlich auf den offiziellen Börsenhandel.

[44] S. S. 91 f.

[45] Schwark, § 29 Rdnr. 14.

[46] Schwark, § 36 Rdnr. 23.

[47] BGBl. 1986, Teil I, S. 2486 ff.

[48] S. Schwark, § 43 Rdnr. 5.

[49] Müller-Stahl, S. 14, 18.

[50] Schwark, § 42 Rdnr. 6.

[51] Gemeint sind Geschäfte außerhalb der amtlichen Börsenzeit und/oder des Börsengebäudes.

f) Nach geltenden Bedingungen ist die Vermittlung offizieller Börsentermingeschäfte lediglich an der Börse in Düsseldorf ausdrücklich Kursmaklern zugewiesen[52]. An den übrigen Börsenplätzen betreiben Freimakler den Handel. Diese Verteilung der Geschäfte beeinflußt die Wirksamkeit eines Abschlusses, der durch einen anderen Makler vermittelt wird, allerdings nicht.

Inoffizielle, aber erlaubte Börsentermingeschäfte[53] sind auf Anordnung des Börsenvorstandes von der Vermittlung durch Kursmakler auszuschließen (§ 51 Abs. 1 S. 2 BörsG). Schweben Verhandlungen wegen der Zulassung zum offiziellen Terminhandel, dann kann der Erlaß einer solchen Anordnung für höchstens ein Jahr ausgesetzt werden (§ 51 Abs. 1 S. 3 und 4 BörsG). Während dieser Zeit ist eine Vermittlungstätigkeit des amtlichen Maklers erlaubt[54].

Soweit Börsentermingeschäfte verboten sind[55] oder die Zulassung zum Börsenterminhandel endgültig verweigert bzw. zurückgenommen wurde, ist eine Vermittlung durch Kursmakler kraft Gesetzes ausgeschlossen (§ 51 Abs. 1 S. 1 BörsG).

An einem außerbörslichen Terminmarkt[56] darf ein Kursmakler Vermittlungstätigkeiten solange entfalten, bis eine ordnungsbehördliche Untersagungsverfügung ergeht[57]. Dabei hat er die allgemeinen Grenzen des § 32 BörsG sowie das Verbot zu beachten, zwischen anderen Personen als Börsenbesuchern zu vermitteln[58].

3. Der Abschluß des Maklervertrages

a) Die Auftragserteilung

Die näheren für den Geschäftsabschluß in amtlich notierten Wertpapieren relevanten Vorschriften sind in den Bedingungen für die Geschäfte an den deutschen Wertpapierbörsen festgelegt.

Ein Auftrag kann sowohl schriftlich wie mündlich erteilt oder widerrufen werden[59], die Form der Übermittlung vermag sich allerdings auf seine Gül-

[52] S. auch S. 75.

[53] Zum Begriff Schönle, S. 476 ff.

[54] Meyer/Bremer, § 51 Anm. 10; a. A. Thoden, S. 60, der sich unberechtigterweise auf Meyer/Bremer, S. 131, beruft.

[55] S. Schönle, S. 469 ff.

[56] Schwark, Einl. §§ 50-70, Rdnr. 4.

[57] S. a. Schwark, § 1 Rdnr. 16.

[58] Schwark, § 51 Rdnr. 5.

[59] Nach § 7 Abs. 1 S. 2 BörsG zählen zum Börsenhandel auch Geschäfte über zugelassene Gegenstände, die durch Übermittlung von Willenserklärungen im Wege der elektro-

tigkeitsdauer auszuwirken[60]. Die Erteilung von Orders auf telefonischem Wege[61] birgt die Gefahr, daß bestimmte Aufträge für die Börsenteilnehmer unerkennbar in die Kursbildung Eingang finden könnten — dem Gebot der Transparenz bei der Preisfeststellung[62] wäre in diesem Falle nicht ausreichend Rechnung getragen. Aus diesem Grunde soll der Makler während der offiziellen Börsenzeit telefonische Aufträge selbst nicht entgegennehmen, sondern diese Tätigkeit einem Assistenten überlassen, der keinen Einblick in die aktuelle (Gesamt-) Auftragslage haben darf. Die Weitergabe der Orders an den Kursmakler soll in einer Weise erfolgen, die dem anwesenden Börsenbesucher die Möglichkeit der Kenntnisnahme bietet[63].

Zulässig sind limitierte wie unlimitierte Orders. Ein Auftrag ohne entsprechende Weisung gilt als unlimitiert[64].

Ferner läßt sich eine Bestimmung des Zeitpunktes treffen, zu dem ein Geschäft ausgeführt werden soll[65]. Eine Order zum Eröffnungskurs muß bei Börsenbeginn, eine Order zum Einheitskurs spätestens bei der amtlichen Preisfeststellung vorliegen[66].

Die Erteilung einer Order findet weitgehend standardisiert statt. Die Beteiligten bezeichnen jedes Papier durch ein Kürzel, ihre Preisvorstellungen äußern sie regelmäßig soweit verkürzt, daß Mißverständnisse nicht auftreten können. Ein Zusatz signalisiert Angebot („Brief“) oder Nachfrage („Geld“); die Angabe des Auftragsvolumens vervollständigt die Order. Unlimitierte Kaufaufträge werden „billigst“, unlimitierte Verkaufsaufträge „bestens“ erteilt.

In den Geschäftsbedingungen finden sich darüber hinaus eingehende Bestimmungen hinsichtlich der Behandlung laufender Aufträge bei Eintritt von Sondersituationen wie Dividendenzahlungen, Bezugsrechtsabschlägen, Ka-

---

nischen Datenverarbeitung börsenmäßig zustande kommen. Zur „elektronischen“ Auftragserteilung s. a. Kümpel, WM 1988, 1628.

[60] Einzelheiten s. § 3 GeschBed.

[61] Entsprechendes gilt für die Erteilung auf elektronischem Wege.

[62] S. a. S. 87 f.

[63] S. BZ v. 7.12.88.

[64] § 2 Abs. 1 und 2 GeschBed. Diese Regelungen werden teilweise restriktiv interpretiert. „Interessewahrende“ Aufträge, wie sie etwa Kreditinstituten erteilt werden können, sollen danach unzulässig sein (s. Schmidt, S. 213, Fn. 1). Es ist indes zu berücksichtigen, daß bereits die Möglichkeit der Erteilung unlimitierter Order das Bestehen einer „Interessenwahrungspflicht“ des Maklers voraussetzt.

Zur Erteilung von Stop-Orders, die zum Inhalt haben, daß Verkaufsaufträge bei Unterschreiten eines bestimmten Kursniveaus „bestens“, Kaufaufträge dagegen bei Überschreiten eines bestimmten Limits „billigst“ ausgeführt werden, vgl. § 2 Abs. 4 GeschBed.

[65] Derartige Aufträge können die Weisung enthalten, das vorgesehene Geschäft zur laufenden Notierung, zum Eröffnungs-, Kassa- oder Schlußkurs abzuwickeln.

[66] § 5 Abs. 1 und 4 GeschBed.

pitalberichtigungen, Auslosungen, Kündigungen und Aussetzungen der Kursnotierung[67].

Teilweise wird dem Verhalten der Marktteilnehmer im Interesse der Rechtssicherheit eine besondere Bedeutung beigelegt. Der Kursausruf des amtlichen Maklers gilt als Vertragsangebot gegenüber sämtlichen zur Teilnahme am Handel zugelassenen Börsenbesuchern; im fortlaufenden Handel bezieht sich dieses Angebot mindestens auf den festgesetzten Mindestschluß[68]. Die Nennung eines Kurses zum „Aussuchen" bekundet die Bereitschaft, zu diesem Preis entweder zu kaufen oder zu verkaufen[69].

b) Die Kontrahierungspflicht im amtlichen Markt

Ein Kursmakler ist grundsätzlich verpflichtet, Aufträge zur Vermittlung solcher Wertpapiere entgegenzunehmen, deren Kursfeststellung in seine Zuständigkeit fällt. Eine gesetzliche Fixierung dieses Kontrahierungszwanges findet sich allerdings nicht. § 32 Abs. 1 S. 1 BörsG statuiert lediglich eine Betriebspflicht, dergemäß der Kursmakler eine Vermittlungstätigkeit zu entfalten hat, solange er seine amtliche Funktion ausübt.

Die Begründung einer derartigen Verpflichtung macht ohne gleichzeitige Annahme eines Kontrahierungszwanges indes kaum Sinn[70]. Der Regelungsgehalt der genannten Vorschrift geht nämlich über die Statuierung einer bloßen Anwesenheitspflicht hinaus. Wollte man dem Makler die Befugnis zuerkennen, im Einzelfalle sämtliche Aufträge abweisen zu dürfen, dann könnte er sich auf diese Weise seiner Betriebspflicht ohne weiteres entziehen. Ferner bestünde die Gefahr, daß nach Ablehnung einzelner Orders die durch den Makler festgestellten Notierungen nicht der „wirklichen Geschäftslage des Verkehres an der Börse" (§ 29 Abs. 3 BörsG) entsprächen.

Ein weiteres Argument für das Bestehen eines Kontrahierungszwanges im amtlichen Markt läßt sich aus dem Benutzungsrecht der Börsen ableiten. Den zum Handel zugelassenen Börsenbesuchern steht grundsätzlich ein Anspruch auf Benutzung der Börseneinrichtungen zu[71], zu denen auch der Kursmakler zu rechnen ist[72].

---

[67] § 6 GeschBed.

[68] § 4 Abs. 1 S. 1 GeschBed.

[69] § 4 Abs. 1 S. 2 GeschBed.

[70] S. a. Schönle, S. 454; a. A. ohne Begründung Schwark, § 30 Rdnr. 7.

[71] Jockisch, S. 18.

[72] Dalwigk, S. 21; Jockisch, S. 18.

Die Pflicht, Vermittlungsverträge abzuschließen, beruht überdies auf einer Monopolstellung des Maklers[73]. Diese Stellung resultiert zwar nicht aus dem alleinigen Recht, amtlich notierte Wertpapiere vermitteln zu dürfen[74]. Insoweit besteht eine Konkurrenz zu den als Freimaklern tätigen Börsenbesuchern[75]. Als Überrest des im Mittelalter herrschenden Vermittlungsmonopoles[76] hat sich indes die Vorschrift des § 31 BörsG erhalten, nach der ein Anspruch auf Berücksichtigung bei der amtlichen Kursfeststellung nur dann erhoben werden kann, wenn das zugrundeliegende Geschäft unter Vermittlung eines Kursmaklers abgeschlossen wurde[77]. Soll dieses Recht eine gewisse Wirkung entfalten, muß es mit der rechtlich ausgestalteten Möglichkeit korrespondieren, einen Makler an der grundlosen Verweigerung seiner Dienste zu hindern[78].

c) *Die Kontrahierungspflicht außerhalb des amtlichen Marktes*

aa) Im Geregelten Markt kann eine Verpflichtung, Maklerverträge abzuschließen, weder aus einer Monopolbefugnis zur amtlichen Kursfeststellung herrühren — in diesem Marktsegment werden nur Preise nicht-amtlichen Charakters notiert[79], ein dem § 31 BörsG entsprechendes Privileg besteht daher nicht — noch aus einer direkten oder analogen Anwendung des § 32

---

[73] Schwark, § 30 Rdnr. 7.

[74] Nach Einführung des BörsG bestand ein derartiger Börsenzwang nur kurzzeitig [Erlaß des RMWi. vom 15. Oktober 1941 (nach Schönle, S. 455)].

[75] Ein strikter Börsenzwang in dem Sinne, daß nur Kursmakler mit der Vermittlung solcher Wertpapiere betraut werden dürfen, für die eine amtliche Notierung stattfindet, weist allerdings gewichtige Vorzüge auf.

Aufgrund der eintretenden Umsatzkonzentration würden die festgesetzten Börsenpreise der Lage des Verkehres an der Börse und damit dem Erfordernis des § 29 Abs. 3 BörsG in besonderem Maße entsprechen (s. Schwark, Gutachten I, S. 16, 77).

Derzeit wickeln amtliche Makler Aufträge der Freimakler zu Sonderkonditionen ab und übernehmen deren Ausführungsrisiko, um die Kursfeststellung auf eine möglichst breite Basis zu stellen [s. bereits die Frankfurter Vereinbarung vom 29. November 1917 (abgedruckt bei Hock, S. 98 f.)].

Ein Börsenzwang bedeutet außerdem für das als Börsenbesucher tätige Kreditinstitut einen Gewinn an Rechtssicherheit in seiner Funktion als Kommissionär. Ein Kommittent könnte auch in dem Fall keine Einwendungen erheben, in dem der Kommissionär zum amtlichen Kurs gehandelt und den Selbsteintritt erklärt hat, gleichzeitig über Freimakler aber ein günstigerer Abschluß möglich gewesen wäre (s. Tilly, S. 164 f.). Die Verpflichtung, in jedem Fall Kursmakler für die Vermittlung amtlich notierter Werte in Anspruch zu nehmen, würde demgegenüber ausschließlich eine Ausführung zu amtlichen Preisen zulassen.

[76] S. S. 18.

[77] S. a. S. 84 f.

[78] Nedon, S. 54 f.; Baumbach/Duden/Hopt, § 32 BörsG, Anm. 1.

[79] § 71 Abs. 1 S. 1 BörsG.

Abs. 1 BörsG, da sich diese Vorschrift ihrem Wortlaut nach ebenfalls ausschließlich auf die amtliche Tätigkeit des Kursmaklers bezieht.

Einen Anhaltspunkt dafür, daß gleichwohl von der Existenz eines Kontrahierungszwanges in diesem Marktsegment ausgegangen werden muß[80], liefert das angewandte Verfahren der Preisnotierung. Die Kursfeststellung erfolgt zwar nicht-amtlich, sondern lediglich „amtlich kontrolliert“[81], hat sich jedoch im wesentlichen am materiellen Gehalt des § 29 Abs. 3 BörsG auszurichten[82].

Dem Erfordernis, eine Kursfeststellung durchzuführen, die der Lage des Verkehrs an der Börse entspricht, kann indes nur Rechnung getragen werden, wenn dem Makler die Möglichkeit verwehrt ist, die Annahme einzelner Orders mehr oder weniger willkürlich ablehnen zu können[83].

bb) Außerhalb des amtlichen sowie des Geregelten Marktes besteht eine Kontrahierungspflicht nicht.

d) Einschränkungen des Kontrahierungszwanges

Die Verpflichtung des amtlichen Maklers, die Vermittlung von Wertpapieren zu übernehmen, für deren Kursfeststellung er verantwortlich ist, gilt nicht unbeschränkt.

aa) Er darf nur für solche Personen eine Vermittlungstätigkeit aufnehmen, die nach Zulassung zum Handel des jeweiligen Börsenplatzes (§ 7 BörsG) in Besitz der zum Abschluß von Börsengeschäften berechtigenden Börsenkarte sind[84]. Die Betreuung einer „Privatklientel“ ist ihm wegen drohender Interessenkonflikte versagt[85].

bb) Kein Ermessensspielraum steht dem Kursmakler hinsichtlich der Frage zu, ob er mit Börsenbesuchern kontrahiert, die ihm nicht ausreichend solvent erscheinen[86], und zwar selbst dann nicht, wenn er sachlich begründeten Anlaß zur Annahme hat, daß die Erfüllung des vermittelten Geschäftes

---

[80] Kümpel, FS Pleyer, S. 59, 74 f.; a. A. Schäfer, ZIP 1987, 958.

[81] Schäfer, ZIP 1987, 958.

[82] Begr. zu § 75 RegE BörsZulG (BT-DrS 10/4296, S. 17).

[83] S. a. S. 46.

[84] Schwark, § 30 Rdnr. 15; s. etwa auch § 63 BörsO Düsseldorf. Die Kontrahierungspflicht des amtlichen Maklers besteht daher auch gegenüber einem freien Börsenmakler. Dieser tritt zwar teilweise als sein Konkurrent auf. Da ein Vermittlungsmonopol der vereidigten Makler jedoch nicht besteht, entspricht seine Tätigkeit in allen Belangen geltendem Recht (s. Nußbaum, § 30 Anm. IV c; a. A. noch Bernstein, S. 83).

[85] Schmidt, S. 213, Fn. 1.

[86] So wohl auch Nußbaum, § 30 Anm. IV c.

sowie seines Provisionsanspruches gefährdet ist[87]. Anderenfalls fiele ihm die Befugnis zur Bewertung der Leistungsfähigkeit eines Börsenbesuchers zu, die bei willkürlicher Handhabung zu einer Durchlöcherung des Kontrahierungszwanges führen könnte. Überdies entstünde ein Widerspruch zu den börsenrechtlichen Zuständigkeitsregelungen, die die Kompetenz zur Überprüfung der Frage, ob ein Börsenbesucher über ausreichende Mittel verfügt, ausschließlich dem Aufgabenkreis des Börsenvorstandes zuweisen[88].

cc) Keinen hinreichenden Grund zur Ablehnung eines Auftrages liefert auch der Umstand, daß ihm marktgerechte Preisvorstellungen nicht zugrunde liegen[89]. Soweit ein Verstoß gegen gesetzliche Vorschriften[90] nicht erkennbar wird, ist eine solche Order entgegenzunehmen und nach Möglichkeit auszuführen.

4. Die Rückgabe eines Auftrages

Die Aufhebung eines Maklervertrages durch Rückgabe einer Order ist nur dann zulässig, wenn nachträglich Tatsachen offenbar werden, wegen derer der amtliche Makler bereits eine Annahme hätte verweigern dürfen[91].

5. Der Inhalt des Maklervertrages

Durch Entgegennahme einer Order wird der Kursmakler Geschäftsbesorger und Dienstpflichtiger im Sinne der §§ 675, 611 ff. BGB[92].

Die Vertragsverbindung begründet ein besonderes Treueverhältnis, das dem Makler die Beachtung besonderer Schutz- und Sorgfaltspflichten auferlegt[93].

a) Die Bemühungspflicht

Angenommene Aufträge sind zunächst vollständig und richtig in den Geschäftsbüchern zu vermerken[94].

---

87 So aber Schwark, § 30 Rdnr. 7.

88 Z. B. §§ 12 Abs. 1 Nr. 2, 18 Abs. 2 BörsO Düsseldorf.

89 Schwark, § 29 Rdnr. 10; Nußbaum, § 29 Anm. IV a.

90 Etwa die Absicht, einen Dritten in betrügerischer Weise zu schädigen.

91 Nedon, S. 60.

92 Schönle, S. 454.

93 Zum Inhalt des Treueverhältnisses im allgemeinen Maklerrecht s. etwa Müko-Schwerdtner, § 652 Rdnr. 65.

94 Jockisch, S. 41.

In den Marktsegmenten, für die ein Kontrahierungszwang des Maklers besteht, hat er darüber hinaus nicht nur ständig anwesend zu sein (Präsenzpflicht) bzw. rechtzeitige Vorsorge für eine Vertretung zu treffen[95], sondern gleichzeitig Aktivitäten zu entfalten, die auf den Abschluß des angetragenen Geschäftes abzielt (Betriebspflicht).

Diese Verpflichtung, die sich im allgemeinen Handelsmaklerrecht nicht findet[96], begründet sich aus dem Gedanken, daß ein Abschlußzwang ohne die Annahme einer Bemühungspflicht wirkungslos bliebe. Außerdem verlangt die für den amtlichen Börsenverkehr einschlägige Norm des § 32 Abs. 1 S. 1 BörsG zwar dem Wortlaut nach lediglich die Entfaltung überhaupt einer Vermittlungstätigkeit. Unter Berücksichtigung des § 31 S. 1 BörsG muß man allerdings davon ausgehen, daß dem Makler eine Entscheidungsbefugnis hinsichtlich des Umfanges dieser Tätigkeit nicht zukommen kann. Da ein Anspruch auf Berücksichtigung bei der amtlichen Kursfeststellung des Börsenpreises nur erhoben werden kann, wenn das Geschäft durch Vermittlung eines Kursmaklers abgeschlossen ist, stünde es anderenfalls in dessen Belieben, welche Geschäfte letztlich bei der Kursfeststellung Berücksichtigung fänden; der in § 31 S. 1 BörsG niedergelegte Anspruch würde weithin entwertet[97].

Im Handel zu gerechneten Kursen genügt ein Kursmakler seiner Bemühungspflicht, indem er sämtliche vorliegenden Aufträge zur Preisermittlung heranzieht. Im variablen Handel hat er die Aufträge soweit als möglich zu kompensieren und einen verbleibenden Überhang im Börsensaale auszurufen (anzubieten).

Ein Spielraum, der sich durch den konkreten Inhalt des Maklervertrages bietet, darf nicht von vorneherein vollständig ausgeschöpft werden. Aus diesem Grunde ist den Bemühungen nicht etwa von Anfang an ein bestehendes Limit zugrundezulegen, der Makler hat vielmehr zunächst die Erzielung eines günstigeren Abschlusses zu versuchen.

b) Die Mitwirkung des Kursmaklers beim Abschluß des Hauptvertrages

aa) Die Abschlußkompetenz des Kursmaklers

Im allgemeinen Handelsmaklerrecht besteht grundsätzlich keine Verpflichtung des Auftraggebers, den durch Vermittlung eines Maklers vorbereiteten Hauptvertrag abzuschließen. Der Abschluß kann jederzeit auch ohne

---

[95] S. etwa §§ 17 Abs. 1 MaklerO Frankfurt; 10, 11 Abs. 1 MaklerO Düsseldorf.

[96] Gierke/Sandrock, S. 509.

[97] Schwark,§ 30 Rdnr. 7.

Angabe von Gründen abgelehnt werden[98], und zwar selbst dann, wenn seine Konditionen der erteilten Weisung entsprechen.

α) Eine gesetzliche Ausnahme von diesem Prinzip bildet der Abschluß eines Aufgabegeschäftes[99]. Hat eine Partei eine Schlußnote[100] akzeptiert, in der sich der Handelsmakler die Benennung der anderen Partei vorbehält, dann ist sie an das Geschäft mit dem Kontrahenten gebunden, der ihr nachträglich bezeichnet wird, sofern gegen diesen begründete Einwendungen nicht bestehen (§ 95 Abs. 1 HGB). Eine entsprechende Rechtsfolge läßt sich auch durch Vereinbarung herbeiführen[101].

Der Abschluß eines Aufgabegeschäftes ist vollendet, wenn die Bezeichnung der Gegenpartei innerhalb der üblichen Frist erfolgt[102]. Ob der Auftraggeber eine Aufgabenote annimmt, steht also in seinem Belieben. Nach Zustimmung ist er allerdings dem Benennungsrecht des Maklers unterworfen.

Anders stellt sich die Rechtslage im Börsenhandel dar. Der Kursmakler vermittelt ausschließlich zwischen zugelassenen Handelsteilnehmern[103], und darf demnach auch nur solche als Aufgabe benennen[104]. Sämtliche Börsenbesucher sind im Hinblick auf den vorgesehenen Geschäftsabschluß als gleich „gut" und daher „fungibel" anzusehen[105], Händler verschiedener „Güteklasse" gibt es an der Börse nicht.

β) Wegen der Austauschbarkeit der möglichen Geschäftspartner besteht für die Börsenbesucher auch über den Rahmen des Aufgabegeschäftes hinaus die Verpflichtung, grundsätzlich jeden anderen zugelassenen Börsenhändler als Vertragspartner anzuerkennen[106]. Begründete Einwendungen gegen die benannte Partei werden sich daher im Börsenverkehr nur ausnahmsweise erheben lassen.

Nicht zulässig ist die Rüge, der Kontrahent sei bekannt für ungenügende finanzielle Leistungsfähigkeit[107], Unredlichkeit oder schikanöses Verhal-

---

[98] Schlegelberger-Schröder,§ 93 Rdnr. 12.

[99] Zur Definition des Aufgabegeschäftes s. a. § 32 Abs. 1 KVStG i. d. F. v. 22. September 1955 (BGBl. I, S. 530).

[100] S. § 94 HGB.

[101] Schubert, S. 4.

[102] Im Börsenhandel ist die Benennung des Verkäufers bis zum Schluß der folgenden Börsensitzung, die des Käufers spätestens am dritten Börsentag vor Börsenschluß vorzunehmen (§ 13 Abs. 2 GeschBed).

[103] S. S. 48.

[104] § 13 Abs. 2 GeschBed.

[105] Matthes, S. 78; Heymann, S. 448. Die Person seines Kontrahenten interessiert einen Handelsteilnehmer daher in der Regel kaum.

[106] Stockburger, S. 542.

[107] Anders für den Handelsmakler Baumbach/Duden/Hopt, § 95 HGB, Anm. 1.

ten[108]. Demgegenüber statthaft erscheint etwa die Begründung, man lehne den Verkauf an den Emittenten des zu handelnden Papieres ab, da dieses Geschäft den Verlust einer gewährten Bonifikation zur Folge habe. Ein solcher Vorbehalt muß allerdings bei Weisungserteilung deutlich geworden sein[109].

γ) Auch die Börsenbesucher unterliegen damit einem gewissen Kontrahierungszwang, so daß dem Kursmakler die faktische Befugnis zukommt, durch Zuordnung der Vertragsparteien den vorbereiteten Hauptvertrag zustandezubringen[110], ohne daß ein Auftraggeber den Abschluß verweigern könnte.

bb) Die Ausführungspflicht

α) Die Ausführungspflicht im amtlichen Markt

Als Kehrseite weist die Abschluß- und Zuordnungskompetenz eine Verpflichtung des Kursmaklers auf, die erteilten Orders soweit als möglich auszuführen.

Eine solche Ausführungsgarantie zugunsten der Auftraggeber findet sich für das Aufgabegeschäft in § 95 Abs. 3 HGB. Erfolgt die Benennung der Gegenpartei durch den Makler nicht rechtzeitig oder sind begründete Einwendungen erhoben, dann ist diejenige Partei, die eine Aufgabeschlußnote akzeptiert hat, befugt, den Makler auf Erfüllung des Geschäftes in Anspruch zu nehmen[111].

Diese Inanspruchnahme ist im Börsenverkehr standardisiert. Der Auftraggeber bleibt zwar an den Kursmaklervertrag gebunden — ein Rücktrittsrecht ist in den diesbezüglich abschließenden[112] Bedingungen für die Geschäfte an den deutschen Wertpapierbörsen nicht vorgesehen —, er kann während der folgenden Börsensitzung aber ohne vorherige Ankündigung die Zwangsregulierung[113] vornehmen. Auf Verlangen des Maklers ist er zur unverzüglichen Einleitung der Zwangsregulierung verpflichtet[114]. Die ge-

[108] Matthes, S. 133 f.

[109] Hinsichtlich derartiger Geschäfte, die nicht den geltenden Geschäftsbedingungen entsprechen, kann ein Anspruch auf Ausführung allerdings nicht erhoben werden.

[110] Nach Schmidt (S. 51, Fn. 1) und Bernstein (S. 84) resultiert diese Befugnis aus einer ungeschriebenen Usance.

[111] § 95 Abs. 3 HGB, 14 Abs. 1 GeschBed.

[112] Matthes, S. 136.

[113] Zur Durchführung der Zwangsregulierung s. § 17 GeschBed; s. a. S. 106.

[114] § 14 Abs. 2 GeschBed; die Vorschrift des § 95 Abs. 3 S. 2 HGB wird durch diese Regelung verdrängt. Unberührt bleibt das Recht des Auftraggebers, einen weitergehenden Schaden geltend zu machen sowie Zinsen in Rechnung zu stellen (§ 14 Abs. 3 GeschBed).

nannte Verbindlichkeit entsteht unabhängig von einem Verschulden des Maklers, er kann sich ihr also in keiner Weise entziehen[115].

Eine Haftung des Kursmaklers für das Zustandekommen des aufgetragenen Abschlusses besteht im amtlichen Markt auch über den Fall des Aufgabegeschäftes hinaus[116]. Sie resultiert — ebenso wie die Annahme einer Bemühungspflicht[117] — aus dem Bedürfnis, die anlegerschützenden Normen der §§ 31, 32 Abs. 1 BörsG im Geschäftsverkehr abzusichern. Die dem Makler obliegende Pflicht, seinem Geschäftsbereich zugewiesene Wertpapiere zu vermitteln und ihre Kurse festzustellen, entfaltet ausreichende Wirksamkeit nur, wenn ihr die Verpflichtung zur Ausführung der erteilten Order an die Seite tritt. Die Kommissionäre unter den Börsenbesuchern sind zudem auf die sichere Erwartung angewiesen, daß der Makler ihre Aufträge ausführt und sie damit in die Lage versetzt werden, ihren eigenen kommissionsrechtlichen Verpflichtungen[118] nachkommen zu können[119].

Die Ausführung erfolgt im Handel zu gerechneten Kursen definitionsgemäß mit der Preisfeststellung[120]. Sämtliche Aufträge, die in diese Feststellung Eingang gefunden haben, werden zu diesem Zeitpunkt gleichzeitig ausgeführt[121].

Der Ausführungspflicht im Handel zu fortlaufenden Notierungen[122] kommt der amtliche Makler nach, indem er immer dann einen Hauptvertrag zustande bringt, sobald ihm ausgleichsfähige Kauf- und Verkaufsaufträge vorliegen[123].

β) Die Ausführungspflicht außerhalb des amtlichen Marktes

Da der Geregelte Markt rechtlich in die Börsenorganisation integriert ist und einen dem amtlichen Markt vergleichbaren Anlegerschutz bieten soll[124],

---

[115] Schubert, S. 15; Gierke/Sandrock, S. 510. Diese strenge Haftung rückt das Aufgabegeschäft bei wirtschaftlicher Betrachtungsweise in die Nähe des Eigenhandels, was auch dadurch zum Ausdruck kommt, daß der Kursmakler sich auch selbst als Partei benennen darf (Matthes, S. 138).

[116] Kümpel, WM 1985, Beilage 5, 6 f.; anders Bernstein, S. 84, nach dessen Ansicht der Kursmakler nur wegen schuldhaften Mißerfolges der Vermittlung gemäß § 98 HGB haftet.

[117] S. S. 49 f.

[118] §§ 384 HGB, 29 AGB-Banken.

[119] Kümpel, WM 1985, Beilage 5, 7.

[120] CV-Trumpler, vor § 29, Anm. 15.

[121] S. S. 39. Davon zu trennen ist die Frage, welche Parteien letztlich einen Hauptvertrag schließen (s. S. 55).

[122] S. a. Kümpel, WM 1985, 7, Fn. 55.

[123] In der Praxis werden zumeist mehrere Aufträge zusammengefaßt und en bloc gehandelt.

[124] Kümpel, FS Pleyer, S. 75.

ist davon auszugehen, daß ein Ausführungsanspruch des Börsenbesuchers auch in diesem Börsensegment besteht[125].

Gegenüber einem im Freiverkehr tätigen Makler kann ein Ausführungsanspruch nicht erhoben werden, soweit der Handel nicht zu gerechneten Kursen stattfindet. Es gelten allein die Regelungen des HGB, die keine entsprechende Verbindlichkeit vorsehen[126].

γ) Einschränkungen der Ausführungspflicht

Das Bestehen einer Garantie für das Zustandekommen eines aufgetragenen Geschäftes, das den Kursmaklervertrag in die Nähe des Maklerwerkvertrages rückt[127], hängt wesentlich von der Marktsituation ab. Es muß eine Kursfeststellung stattgefunden haben und eine Ausführung nach der Preisgestaltung möglich gewesen sein[128]. Nach zulässiger Suspendierung der Kursnotiz[129] entfällt der Ausführungsanspruch; ein Auftrag, der nur „für den Tag" erteilt wurde, erlischt unausgeführt[130].

Besteht im Handel zu Einheitskursen ein Ungleichgewicht zwischen Kauf- und Verkaufsorders und erfolgt die Preisfeststellung daher mit entsprechendem Zusatz[131], dann erhebt sich das Problem, bezüglich welcher Aufträge ein Ausführungsanspruch geltend gemacht werden kann. Ein Ermessen kommt dem Kursmakler in dieser Frage nicht zu, da anderenfalls die Gefahr einer Bevorzugung oder „Schlechtbedienung" einzelner Auftraggeber bestünde[132].

In den einschlägigen Börsenordnungen finden sich in dieser Hinsicht regelmäßig dezidierte Bestimmungen[133]:

---

[125] Ausdrücklich festgelegt wäre dieses Recht nach Einführung des Handels zu Einheitskursen (s. a. Kümpel, FS Pleyer, S. 74, Fn. 77).

[126] Kümpel, WM 1985, Beilage 5, 7.

[127] Nedon, S. 50; Düringer/Hachenburg/Hoeniger, § 93 Anm. 11.

[128] CV-Trumpler, vor § 29, Anm. 15.

[129] S. S. 91 ff.

[130] Nußbaum, Anlage zum II. Abschnitt, Anm. IV c.

[131] bG/ebG/bB/ebB (s. S. 86). Zu einem Selbsteintritt darf der Kursmakler in dieser Situation nicht gezwungen sein, da er auf diese Weise einem gesteigerten Risiko ausgesetzt würde und außerdem mit den Regelungen in Konflikt geraten könnte, die seine Eigengeschäftstätigkeit beschränken (s. S. 99 ff.).

[132] Schmidt, S. 51. Interessenkonflikte können aus der unterschiedlich engen Verbundenheit der Makler zu ihren Auftraggebern erwachsen. Zum einen vermag ein auf besonders „gute Bedienung" ausgerichtetes Auftragsverhältnis, etwa im Falle, daß eine Order ein hohes Umsatzvolumen aufweist, den Vermittler geradezu verpflichten, einer Partei zu Lasten der anderen Vorteile zu verschaffen. Außerdem ist die Möglichkeit geschäftlicher sowie persönlicher Beziehungen des Maklers zu berücksichtigen (s. a. Schmidt, S. 213, Fn. 1).

[133] Z. B. § 30 I. BörsO Frankfurt.

Zu dem festgestellten Kurs müssen ausgeführt werden
— sämtliche unlimitierten Aufträge,
— sämtliche über dem festgestellten Kurs limitierten Kaufaufträge,
— sämtliche unter dem festgestellten Kurs limitierten Verkaufsaufträge.

Inwieweit die zum festgestellten Kurs limitierten Aufträge ausgeführt werden konnten, läßt sich den Kurszusätzen entnehmen[134].

Zwingende Vorschriften zur Regelung der Frage, welche der letztgenannten Orders konkret auszuführen sind, bestehen nicht[135]. In der Praxis haben sich gegenüber der Möglichkeit, die Abwicklung nach der Reihenfolge des Ordereinganges vorzunehmen, zwei andere Ausführungsmethoden durchgesetzt.

Das Verfahren, zunächst die durch denselben Auftraggeber erteilten Orders zu kompensieren, und danach eine möglichst geringe Zahl von Hauptverträgen zum Abschluß zu bringen[136], begünstigt tendentiell Großaufträge. Der Verpflichtung des Kursmaklers, die Interessen sämtlicher Auftraggeber zu wahren, entspricht es daher besser, alle in Frage kommenden Orders anteilmäßig auszuführen.

Gegen die Regelung, bei Marktungleichgewichten nur die genau zum festgestellten Kurs limitierten Aufträge teilweise ausfallen zu lassen, wird eingewandt, es sei angemessener, sämtliche Aufträge auf der überwiegenden Marktseite bei der Ausführung anteilmäßig zu berücksichtigen[137]. Das gegenwärtig praktizierte Verfahren trägt allerdings dem Umstand Rechnung, daß sich ein Auftraggeber, der unlimitierte oder großzügig limitierte Weisungen erteilt, dem Risiko aussetzt, preislich ungünstige Geschäfte abzuschließen, und seine Bevorzugung lediglich einen gewissen Ausgleich dafür bedeutet.

cc) Die Funktion des Kursmaklers bei Schließung des Hauptvertrages

Der Hauptvertrag wird mit Zuordnung der Kontrahenten durch den Makler geschlossen, der diese Aufgabe regelmäßig unter Zuhilfenahme der börseneigenen Datenverarbeitungsanlagen erfüllt. Die Programmierung dieser Anlagen ist regelmäßig in der Weise angelegt, daß zur Minimierung der Transaktionskosten zunächst Orders desselben Auftraggebers kompensiert werden und danach eine Zuweisung der Parteien erfolgt, die möglichst wenige Geschäftsabschlüsse benötigt[138].

134 S. S. 86.
135 S. a. Schmidt, S. 52, Fn. 2.
136 Vgl. Tilly, S. 56 f., Fn. 37.
137 Dalwigk, S. 19.
138 Tilly, S. 56 f., Fn. 37; Rützel, S. 8.

Hinsichtlich der Frage, wie das Zustandekommen eines Hauptvertrages rechtlich zu erklären ist, lassen sich verschiedene Ansätze finden. Teilweise betrachtet man den Kursmakler als beiderseitigen Boten der Vertragsparteien, der die Erklärungen zugleich vertretungsweise entgegennimmt[139]. Nach der Gegenmeinung ist der Makler durch Handelsbrauch von beiden Seiten zum Abschluß des Geschäftes ermächtigt; der Vertrag kommt danach im Wege des Selbstkontrahierens gemäß § 181 BGB zustande[140]. Stillschweigend vorausgesetzt wird jeweils das Recht des Auftraggebers, ein nicht ordnungsgemäßes Geschäft zurückzuweisen.

In der Praxis des Börsenverkehrs gelangen beide Ansichten zu übereinstimmenden Ergebnissen. Die Differenzierung zwischen Stellvertretung und Botenschaft gewinnt zwar etwa dann Bedeutung, wenn bei Abgabe oder Übermittlung einer Willenserklärung Fehler auftreten[141], sich also die Frage erhebt, ob die Ausübung eines Anfechtungsrechtes in Betracht kommt. Einwendungen gegen das ordnungsgemäße Zustandekommen eines Börsengeschäftes unterliegen jedoch einer speziellen Regelung. Die Partei, die ein solches Zustandekommen bestreitet, ist berechtigt und auf Verlangen verpflichtet, eine Glattstellung vorzunehmen[142]. Für eine Anfechtung des Geschäftes bleibt daneben kein Raum.

Überdies tragen beide Konstruktionsvorschläge dem Erfordernis Rechnung, daß ein Auftrag im Interesse eines reibungslosen Börsenverkehres nicht bis zu einer Annahmeerklärung des Kontrahenten frei widerruflich sein darf[143]. Der Geschäftsabschluß muß vielmehr bereits bei Feststellung des Börsenpreises gesichert sein, auch wenn die konkreten Geschäftspartner noch nicht feststehen. Ein Widerruf ist unabhängig davon ausgeschlossen, ob man den Vermittler als Vertreter oder Erklärungsboten ansieht. In beiden Fällen gehen die Vertragserklärungen bereits mit Ordererteilung zu[144].

---

[139] Heymann, S. 447; Schönle, S. 454; Baumbach/Duden/Hopt,§ 32 BörsG, Anm. 1. Geht man davon aus, daß eine Annahmeerklärung im Börsenverkehr aufgrund Verzichtes oder nach Handelsbrauch entbehrlich ist, dann tritt die rechtliche Wirkung nach § 151 S. 1 BGB ein. Anderenfalls läßt sich das Zustandekommen des Hauptvertrages mit der Annahme einer durch sämtliche Auftraggeber konkludent erteilten Bevollmächtigung erklären, die den Makler zum Empfang der abgegebenen Willenserklärungen berechtigt (s. Staub-Brüggemann, § 94 Rdnr. 1).

[140] Bernstein, S. 84; Schmidt, S. 51, Fn. 1.

[141] S. etwa Müko-Thiele, vor § 164 Rdnr. 43 f., 49 ff.

[142] § 12 Abs. 3 GeschBed. Zur Durchführung der Glattstellung s. § 12 Abs. 5 GeschBed.

[143] Regelmäßig also zumindest bis zur Zustellung der Schlußnoten (s. CV-Trumpler, vor § 29 Anm. 16).

[144] Eine dem Vertragspartner zugegangene Willenserklärung entfaltet gemäß § 145 BGB Bindungswirkung.

dd) Die Vertragspflicht zur ordnungsgemäßen Preisfeststellung

Das primäre Interesse des Auftraggebers gilt im Börsenverkehr regelmäßig dem Preis, zu dem das von ihm veranlaßte Geschäft abgeschlossen wird.

Selbst wenn man auf dem Standpunkt steht, ein klagbarer Rechtsanspruch auf ordnungsgemäße Kursfestsetzung lasse sich nicht auf börsenrechtliche Vorschriften stützen[145], dann bleibt darüber hinaus zu berücksichtigen, daß bereits die Existenz der entsprechenden öffentlich-rechtlichen Bindung (§§ 30 Abs. 1 S. 1, 29 Abs. 3 BörsG) Einfluß auf das zwischen Makler und Börsenbesucher begründete Vertragsverhältnis haben muß.

Von einem gewissenhaften Vertreter des Maklerstandes kann erwartet werden, daß er einen Auftrag unter Beachtung sämtlicher einschlägigen Vorschriften abwickelt (§ 242 BGB)[146]. Die Verpflichtung zur ordnungsgemäßen Festsetzung des Börsenpreises berührt aus diesem Grunde auch die Durchführung jedes einzelnen Vermittlungsauftrages und ist somit notwendiger Inhalt eines Maklervertrages.

c) Die Abwicklung des Hauptvertrages

aa) Die Erstellung von Schlußnoten

Der in § 94 Abs. 1 HGB niedergelegten Verpflichtung, jeder Vertragspartei einen Geschäftsabschluß unverzüglich zu bestätigen, kommt der Kursmakler durch Ausfertigung von Schlußnoten nach. Zu diesem Zwecke bedient er sich der börseneigenen Datenverarbeitungsanlage.

An einigen Börsenplätzen werden die zur Kennzeichnung der ausgeführten Orders wesentlichen Merkmale[147] während der Handelszeit eingegeben[148] und die daraufhin maschinell erstellten Schlußnoten den jeweiligen Parteien sofort ausgehändigt. Auf diese Weise sind die Geschäftsabschlüsse kurz nach

---

[145] Schwark, § 29 Rdnr. 25; Einzelheiten s. S. 88 ff.

[146] Zu diesem Ansatz vgl. K. Müller, DB 1972, 1813 (für den öffentlich bestellten und vereidigten Sachverständigen).

[147] Gemäß § 94 Abs. 1 HGB hat eine Schlußnote zu enthalten: Angaben hinsichtlich der Parteien, des Gegenstandes und der Bedingungen des Vertragsabschlusses, also insbesondere die Bezeichnung der Wertpapiergattung, des Geschäftsvolumens sowie des vereinbarten Preises und der Zeit der Lieferung. Eine spezielle Form der Schlußnote wird mit dem Begriff „Informationsnote" bezeichnet. Können Abschlüsse aus dem Handel unter Maklern — bedingt durch voneinander abweichende Eingaben — nicht abgeglichen werden, erstellt man eine Note des Inhaltes, daß ein entsprechendes Geschäft zwar getätigt wurde, die gültige Kontrahentenzuordnung aber noch nicht möglich war. Die Ausfertigung der eigentlichen Schlußnote erfolgt nach Klärung der Sachlage.

[148] § 11 Abs. 1 S. 1 GeschBed.

Beendigung einer Börsensitzung bestätigt; Börsenbesucher und Makler haben bereits frühzeitig Gelegenheit, etwaige Unstimmigkeiten festzustellen und zu korrigieren[149].

Teilweise findet sich auch das Verfahren, sämtliche Schlußscheine zunächst zu sammeln und nach Handelsschluß zu übergeben. Aufgetretene Fehler können unter diesen Umständen erst am folgenden Börsentage berichtigt werden.

Die automatisierte Schlußscheinerstellung ist aufgrund der Bedingungen für die Geschäfte an den deutschen Wertpapierbörsen verbindlich vorgeschrieben (§ 11 Abs. 1 S. 1 GeschBed). Handschriftlich verfaßte Scheine dürfen nur über Geschäfte ausgestellt werden, deren Abwicklung über die Datenverarbeitungsanlage nicht möglich ist[150].

Nach allgemeinem Handelsmaklerrecht beeinflußt die Zustellung einer Schlußnote weder Zustandekommen noch Wirksamkeit eines Geschäftes. Die Note weist vielmehr den Charakter einer Privaturkunde auf, die ausschließlich als Beweismittel für den Geschäftsabschluß bzw. -inhalt fungiert[151].

Im Börsenrecht findet sich eine Modifikation dieser Regel. Unterbleibt die Erteilung eines Schlußscheines und wird er bis zum Beginn der folgenden Börsenversammlung nicht angemahnt, dann gilt der Abschluß als nicht zustande gekommen[152].

Eine Schlußnote hat grundsätzlich die Vermutung der Vollständigkeit und Richtigkeit für sich[153]. Es zählt zu den Obliegenheiten der Vertragsparteien, nach Erhalt unverzüglich eine Prüfung vorzunehmen; aus einer vorbehaltlosen Annahme wird die Genehmigung des Geschäftes mit dem angegebenen Inhalt gefolgert[154]. Einwendungen sind bis zu Beginn der folgenden Börsensitzung gegenüber dem Makler oder der Gegenpartei zu erheben. Verspätete Einwendungen können zurückgewiesen werden[155].

Verweigert eine Partei die Annahme der ihr zugeordneten Schlußnote oder werden dem Makler andere Umstände bekannt, die Zweifel am wirksamen Zustandekommen des Geschäftes wecken, dann hat er der Gegenpartei unverzüglich entsprechende Mitteilung zu machen, damit sie den Bestand des

[149] Podlinski, Die Bank 1978, 66.

[150] § 11 Abs. 3 S. 1 GeschBed.

[151] Staub-Brüggemann, § 94 Rdnr. 2; Meyer/Bremer, § 34 Anm. 1; RGZ 123, 98.

[152] § 11 Abs. 1 S. 2 GeschBed.

[153] RG, JW 1937, 392.

[154] Diese Folge gilt als Handelsbrauch nach § 346 HGB (s. Meyer/Bremer, § 34 Anm. 1); s. a. Rützel, S. 10.

[155] § 12 Abs. 1 GeschBed.

Geschäftes klären kann[156]. Für die Verletzung dieser Mitteilungspflicht hat der Kursmakler in gleicher Weise einzustehen wie für fehlerhafte Angaben in der von ihm erstellten Schlußnote[157].

Die Bedeutung von Einzelschlußscheinen geht in der Praxis beständig zurück. An ihre Stelle treten verstärkt Lieferlisten, in denen der Handelsteilnehmer sämtliche Abschlüsse eines Börsentages findet, die in seinem Auftrage abgeschlossen wurden.

bb) Die Führung von Maklertagebüchern

Die dem Handelsmakler obliegende Pflicht, ein Tagebuch zu führen (§§ 100 Abs. 1, 239 HGB), erfüllt im wesentlichen zwei Funktionen. Zum einen dient das Tagebuch ebenso wie die Schlußnote dem Zweck, Beweis über die Konditionen eines Abschlusses zu sichern, darüber hinaus bildet es eine wesentliche Grundlage für die Kontrolle der Maklertätigkeit[158]. Die genannte Verpflichtung weist somit neben einer privatrechtlichen auch eine öffentlich-rechtliche Komponente auf. Aus diesem Grunde ist ihr auch dann nachzukommen, wenn die Vertragsparteien eine entgegenstehende Vereinbarung getroffen haben[159].

Einzutragen sind sämtliche durch den Makler vermittelten Geschäfte; die Angaben entsprechen dem Inhalt der Schlußnoten (§ 100 Abs. 1 S. 1 Halbs. 2 HGB). Auf die Wirksamkeit der Geschäfte kommt es in diesem Zusammenhang nicht an. Es müssen also auch solche Abschlüsse vermerkt werden, die — etwa nach Aufhebung durch die Parteien — unwirksam sind oder deren Rechtswirksamkeit zweifelhaft erscheint[160]. Die Ansicht, zusätzlich seien sämtliche Aufträge zu erfassen, die geeignet sind, die Grundlage von Geld- und Briefkursen zu bilden, „damit die Mißstände im Notierungswesen ... erschwert würden“[161], findet im Gesetz dagegen keine Stütze[162].

Auf Verlangen ist der Makler jederzeit verpflichtet, den Parteien Auszüge aus dem Tagebuch zu erteilen, die von ihm unterzeichnet sein müssen und

---

[156] S. § 94 Abs. 3 HGB. Ausdrücklich regelt diese Vorschrift nur den Fall der Annahmeverweigerung. Darüber hinaus läßt sich die Mitteilungspflicht entweder durch Analogieschluß begründen oder aus der Interessenwahrungspflicht des Maklers ableiten (Baumbach/Duden/Hopt, § 94 HGB, Anm. 2 C).

[157] Jockisch, S. 41 f.

[158] S. S. 125.

[159] Baumbach/Duden/Hopt, § 100 HGB, Anm. 1.

[160] Baumbach/Duden/Hopt, § 100 HGB, Anm. 1.

[161] Nußbaum, § 33 Anm. 1.

[162] Ein solches Gebot ließe sich jedoch gemäß § 30 Abs. 2 BörsG im Verordnungswege begründen (Schwark, § 33 Rdnr. 1).

alles enthalten, was in Ansehung des vermittelten Geschäftes eingetragen ist (§ 101 HGB). Im Zuge eines Rechtsstreites kann das Gericht auch ohne Parteiantrag eine Vorlage des Tagebuches anordnen, um es mit der Schlußnote, den Auszügen oder anderen Beweismitteln zu vergleichen (§ 102 HGB).

Nach § 33 Abs. 1 BörsG sind die Seiten des Kursmaklertagebuches börsentäglich zu numerieren und mit einem Abschlußvermerk zu versehen. In der Praxis werden die Tagebuchblätter börsentäglich durch die benutzten Datenverarbeitungsanlagen auf der Grundlage der Maklereingaben erstellt, foliiert und ausgedruckt[163], die gesammelten Blätter später zum eigentlichen Kursmaklertagebuch gebunden.

Als Handelsbücher sind Kursmaklertagebücher zehn Jahre lang aufzubewahren[164]. Scheidet ein Kursmakler aus seinem Amte aus, dann sind sämtliche Bücher mit Eintragungen, die innerhalb von zehn Jahren vor diesem Zeitpunkt vorgenommen wurden, beim Börsenvorstand niederzulegen (§ 33 Abs. 2 BörsG). Besteht eine Kursmaklerkammer, dann tritt diese an die Stelle des Börsenvorstandes (§ 33 Abs. 3 BörsG). Diese Niederlegungspflicht ist öffentlich-rechtlicher Natur und im Verwaltungsvollstreckungswege erzwingbar[165].

cc) Die Aufklärungspflicht bezüglich des Vertragspartners

Ein Handelsmakler hat regelmäßig die Interessen seines Auftraggebers auch dadurch zu wahren, daß er ihm diejenigen Tatsachen mitteilt, die für dessen Entscheidung darüber relevant werden können, ob er einen Hauptvertrag schließt. In diesem Rahmen wesentlich erscheinen etwa Angaben hinsichtlich Zahlungsfähigkeit und Vertrauenswürdigkeit des Kontrahenten[166].

Im Börsenverkehr besteht allerdings ein umfassender Kontrahierungszwang der zugelassenen Handelsteilnehmer[167]. Der Makler hat daher grundsätzlich von der Solvenz jedes einzelnen Börsenbesuchers auszugehen; eine besondere Nachforschungspflicht trifft ihn somit nicht[168]. Im übrigen übersieht ein Kursmakler erst nach Schluß der Börsensitzung endgültig, welche Auftraggeber er einander als Vertragspartner zuordnen kann. Die zu diesem

[163] Rützel, S. 10.

[164] §§ 100 Abs. 2 i. V. m. 257 Abs. 1 Nr. 1 HGB.

[165] Schwark, § 33 Rdnr. 2.

[166] Schlegelberger-Schröder, § 93 Rdnr. 13. Nedon (S. 72) meint, eine besondere Mitteilung erübrige sich schon deshalb, weil ein Kursmakler die Ausführung einer Order von vorneherein ablehnen müsse, sofern er begründete Zweifel an der Solvenz eines Auftraggebers hege (hierzu s. aber S. 48 f.).

[167] S. S. 51 f.

[168] S. a. Heymann, S. 392 f.

Zeitpunkt an eine Partei erfolgende Mitteilung ist für ihre Entschließung während der Börsenzeit nicht mehr verwertbar[169].

dd) Die Auskunftspflicht hinsichtlich der Preisgestaltung

Ob ein Anspruch der Börsenbesucher besteht, Auskunft hinsichtlich der Daten zu verlangen, die der Kursgestaltung zugrunde liegen, erscheint zweifelhaft[170]. Die uneingeschränkte Annahme eines derartigen Rechtes würde mit der öffentlich-rechtlichen Pflichtenstellung des Maklers kollidieren. Eine Offenlegung stünde dem Bedürfnis nach Geheimhaltung der relevanten Daten entgegen. Den Handelsteilnehmern muß grundsätzlich die Möglichkeit verwehrt sein, Dispositionen in Kenntnis der dem Makler vorliegenden Auftragsbestände vorzunehmen[171]. Gleichwohl wird man dem Makler bei berechtigten Zweifeln an der Ordnungsmäßigkeit der Preisnotiz die Pflicht auferlegen müssen, den betroffenen Börsenbesuchern die in Rede stehenden Auskünfte insoweit zu erteilen, als sie notwendig sind, die Notiz als rechtmäßig erscheinen zu lassen[172].

Ein entsprechender Anspruch ist auch dem Auftraggeber eines als Kommissionär tätigen Börsenbesuchers zuzuerkennen. Anderenfalls wäre er in einem Rechtsstreit regelmäßig außerstande, den Beweis der Unrichtigkeit eines Börsenkurses zu führen[173]. Insofern entfaltet der Maklervertrag eine Schutzwirkung zugunsten Dritter.

ee) Die Verpflichtungen hinsichtlich der Erfüllung des vermittelten Hauptvertrages

Im Hinblick auf die Abwicklung des konkreten Abschlusses treffen den Kursmakler neben der Pflicht zur Erstellung von Schlußnoten bzw. Lieferlisten[174] keine weitergehenden Verbindlichkeiten.

---

169 Nedon, S. 72.

170 Ablehnend Schwark (§ 29 Rdnr. 26), der einen solchen Anspruch von entsprechenden Bestimmungen in der Börsenordnung abhängig machen will.

171 S. a. S. 111.

172 Bremer, GdB, S. 84. Nach Bremer ist der Kursmakler allerdings nur dann Anspruchsgegner, sofern die Kursfeststellung der Kompetenz des Börsenvorstandes unterfällt, im übrigen jedoch die Maklerkammer. Ein zwingender Grund für diese Differenzierung findet sich nicht.

173 Zur Zulässigkeit dieses Beweises s. Tilly, S. 153 f.; grundlegend RGZ 12, 7 ff. Nach Tilly (S. 155, Fn. 165) ist seit 1945 kein entsprechender Prozeß geführt worden.

174 S. S. 57 ff.

Insbesondere für die Entgegennahme der Erfüllungsleistungen[175] oder die Überwachung der Geschäftsdurchführung besteht keine Zuständigkeit[176]. Dieser Bereich betrifft ausschließlich den Verantwortungskreis der Vertragsparteien[177].

d) Die Pflicht zur Verschwiegenheit

Der Kursmakler hat mangels entgegenstehender Vereinbarung Stillschweigen hinsichtlich aller Umstände zu wahren, deren Mitteilung den Interessen seines Auftraggebers zuwiderlaufen könnte[178]. Die Geheimhaltung relevanter Informationen darf indes nicht einer Täuschung Dritter dienen[179] oder die effiziente Kontrolle der Maklertätigkeit behindern[180].

aa) Zu den in Rede stehenden Umständen zählt insbesondere die Identität des Auftraggebers, soweit er nicht selbst öffentlich hervorgetreten ist.

Das Volumen eines Auftrages und die Höhe eines Limits dürfen nur insoweit Gegenstand einer Auskunft sein, als dadurch ein Geschäftsabschluß möglich wird[181].

bb) Von Zeit zu Zeit auftretende Verdachtsmomente, es könnten Verstöße gegen die Insiderhandels-Richtlinien[182] vorgekommen sein[183], werfen darüber hinaus die Frage auf, ob der Makler im Zweifelsfalle zur Aufdeckung der „Quellen des Insiderhandels“ befragt und seine Bücher geprüft werden dürfen[184].

Nach derzeit geltender Rechtslage ist ein solches Verfahren jedoch unzulässig. Eine andere Person als der Insider darf ohne dessen ausdrückliche Zustimmung nicht befragt werden[185]. Auch nach seiner Zustimmung braucht ein Dritter weder der Prüfungskommission noch einem mit der Prüfung Beauftragten Auskünfte zu erteilen[186]. Ein Kursmakler ist regelmäßig nicht als Insider anzusehen. Als professioneller Marktteilnehmer verfügt er zwar

---

[175] S. a. Bernstein, S. 85.

[176] Schlegelberger-Schröder, § 93 Anm. 13 c.

[177] Die Regulierung von Börsengeschäften wird regelmäßig durch ein bestimmtes Spezialinstitut, den Kassenverein, vorgenommen (s. a. S. 34 f.).

[178] S. etwa § 12 Abs. 1 MaklerO Düsseldorf.

[179] Jockisch, S. 42.

[180] S. S. 125.

[181] Matthes, S. 150.

[182] Die geltende Fassung der Richtlinien findet sich abgedruckt in ZIP 1988, 873 ff.

[183] S. etwa HB v. 26.5.88.

[184] Dingeldey, S. 41 f.; Schwark, Anh. II B 1, Rdnr. 15.

[185] Dingeldey, S. 41; s. etwa auch § 3 der Insider-Richtlinien.

[186] Renner, S. 133.

über enorme Detailkenntnisse, diese verdichten sich jedenfalls nach gegenwärtiger Konzeption aber vergleichsweise selten zu echtem Insiderwissen[187].

Um aussagekräftige Unterlagen und unter Umständen stichhaltige Beweismittel zu erhalten, sind die zuständigen Prüfungskommissionen[188] allerdings auf die Einräumung von Befugnissen angewiesen, die sie von der Kooperationsbereitschaft gerade des eines Verstoßes Verdächtigten unabhängig machen. Ferner ist zu bedenken, daß das praktizierte Verfahren zur Aufdeckung von Insidergeschäften derzeit auf einer freiwilligen börsenbezogenen Basis beruht. Der Kursmakler als wichtiger Funktionsträger des Börsenverkehres sollte daher de lege ferenda in das Verfahren zur Klärung von Insiderfällen eingebunden werden[189]. Seine Stellung als „Umschlagzentrale" könnte eine Kontrolle wesentlich erleichtern.

cc) Gegenüber der Steuerverwaltung ist der Kursmakler wie jeder andere Kaufmann zur Auskunft (§ 93 AO) und Vorlage der Bücher (§ 97 Abs. 1 AO) verpflichtet, sofern ein für die Besteuerung erheblicher Sachverhalt festgestellt werden soll[190].

e) Die vertraglichen Rechte des Kursmaklers

aa) Der Anspruch auf Maklerlohn

Die Hauptverpflichtung des Auftraggebers aus dem Maklervertrag besteht in der Zahlung eines Entgeltes, auch Maklerlohn, Maklerprovision oder Courtage genannt.

α) Die Rechtsnatur des Maklerlohnes

Der Rechtscharakter der Courtage läßt sich durchaus unterschiedlich beurteilen.

Für eine öffentlich-rechtliche Einordnung könnte die entsprechende Rechtsposition des Maklers bei der Kursfeststellung sprechen. Es bietet sich etwa ein Vergleich mit der Stellung des Notares an, der grundsätzlich (öffentlich-rechtliche) Gebühren erhebt[191]. Wohl aus diesem Grunde bezeichnet auch das Börsengesetz selbst die Tätigkeit des Kursmaklers als „gebührenpflichtig" (§ 30 Abs. 3 S. 4 BörsG)[192].

---

187 Voss, S. 320.

188 S. § 1 der Verfahrensordnung zur Untersuchung von Verstößen gegen die Insiderhandels-Richtlinien.

189 Hopt, S. 117.

190 S. a. Nedon, S. 73.

191 S. §§ 17 Abs. 1 BNotO, 140 KostO.

192 Im Gegensatz zu dem Rechtsterminus „entgeltlich".

Diese Sichtweise erscheint jedoch zu einseitig. Die Gegenleistung für die Benutzung der Börseneinrichtungen und damit auch für die amtliche Kursfeststellung steht nämlich nicht dem Makler, sondern dem Börsenträger in Form einer pauschalen Benutzungsgebühr zu[193]. Der amtliche Makler versieht hinsichtlich seiner Tätigkeit als kursfeststellende Instanz lediglich ein unbesoldetes „Nebenamt“[194]. Der Maklerlohn wird ausschließlich als Gegenleistung für die in privatrechtlichen Bahnen ablaufende[195] Vermittlungstätigkeit erhoben und stellt danach ein privatrechtlich zu beurteilendes Entgelt dar[196].

Wie die Existenz entsprechender Gebührenordnungen für die Tätigkeit von Ärzten, Zahnärzten und Rechtsanwälten hinreichend verdeutlicht, steht die Festlegung der „Gebühren“sätze auf dem Verordnungswege[197] dieser Charakterisierung nicht entgegen[198].

β) Die Entstehung des Anspruches auf Maklerlohn

Da sich Bestimmungen hinsichtlich der Entstehung eines Provisionsanspruches weder im Börsengesetz noch im Handelsgesetzbuch finden, wird in diesem Zusammenhang ein Rückgriff auf die Vorschriften des Bürgerlichen Gesetzbuches notwendig (s. § 652 Abs. 1 BGB).

Grundbedingung ist der tatsächliche Abschluß des Hauptvertrages. Bloße Bemühungen seitens des Maklers genügen nicht. Aufträge, die nicht ausgeführt wurden, sind demnach ebensowenig courtagepflichtig wie nichtige oder erfolgreich angefochtene Geschäfte, die die beabsichtigte Rechtserlangung nicht zur Folge haben[199]. Schwierigkeiten in bezug auf die Abwicklung eines abgeschlossenen Geschäftes bleiben dagegen unbeachtlich. Eine Courtagepflicht besteht deshalb auch dann, wenn die Parteien den Hauptvertrag im Einvernehmen aufheben[200], sofern die Vertragslösung nicht auf einem Maklerverschulden beruht[201].

An die erforderliche Identität zwischen aufgetragenem und letztlich vermitteltem Geschäft sind strenge Anforderungen zu stellen. Aufträge zum

---

193 Z. B. §§ 15 Abs. 1 GebO Düsseldorf, 12 Abs. 1 GebO Bremen.

194 OLG Dresden, OLGRspr. 8, 246.

195 S. S. 40 ff.

196 So wohl auch Schwark, § 30 Rdnr. 12.

197 S. S. 66 f.

198 Beyer-Fehling/Bock, § 30 Anm. 4.

199 Das gilt insbesondere für unerlaubte Differenzgeschäfte bzw. verbotene Börsentermingeschäfte im Sinne der §§ 764 BGB sowie 63, 65 BörsG (s. Matthes, S. 184).

200 Bremer, GdB, S. 96.

201 Jockisch, S. 72 f.

Handel im Einheitsmarkt oder im variablen Markt dürfen nicht im jeweils anderen Bereich ausgeführt werden. An einer Identität fehlt es ferner, wenn der getätigte Abschluß von dem angegebenen Limit oder den usancemäßigen Zahlungs- und Lieferungsbedingungen abweicht[202].

Die Kausalität der Vermittlungstätigkeit für den Abschluß des Hauptvertrages läßt sich regelmäßig aufgrund des festgestellten Kurses nachweisen[203]. Im Maklerrecht reicht im übrigen die bloße Zusammenführung der Parteien zur Annahme einer Kausalität aus[204].

Auch der Selbsteintritt des Maklers[205] stellt funktional eine Vermittlung und damit die Erfüllung des Maklervertrages dar. Da der anderen Partei kein Kostenvorteil entstehen soll, ist diese Form der Auftragsabwicklung ebenfalls provisionspflichtig[206].

Der Anspruch auf Zahlung einer Provision kann ausgeschlossen sein, wenn sich der Makler schwerwiegende, zumindest grob fahrlässig begangene Verstöße gegen eine wesentliche Vertragspflicht zuschulden kommen läßt und dadurch eines „Lohnes unwürdig“ wird[207].

γ) Die Höhe des Maklerlohnes

Vor der Novellierung des Börsengesetzes im Jahre 1975[208] sah man die Festlegung der Provisionssätze überwiegend als Börsenusance an und rechnete sie dementsprechend dem Kompetenzbereich des Börsenvorstandes zu[209]. Um ein an sämtlichen Börsenplätzen gleichmäßiges Niveau zu schaffen, wurde im Rahmen der Arbeitsgemeinschaft der deutschen Wertpapierbörsen stets eine übereinstimmende Beschlußfassung sämtlicher Börsenvorstände angestrebt, was häufig langwierige Verhandlungen bedeutete[210].

Dem Gesetzgeber erschien es allerdings nicht opportun, dem Börsenvorstand, in dem als Börsenbesucher auftretende Kreditinstitute maßgeblichen Einfluß besitzen[211], die Entscheidungsbefugnis über das Einkommen der amtlichen Makler trotz der bestehenden Interessengegensätze zu belassen[212].

---

[202] Bremer, GdB, S. 96.

[203] Matthes, S. 186.

[204] Schlegelberger-Schröder, § 99 Rdnr. 3.

[205] S. S. 51, 100.

[206] Matthes, S. 188.

[207] Einzelheiten s. etwa Baumbach/Duden/Hopt, § 93 HGB, Anm. 6 F.

[208] BGBl. I, S. 1013 ff.

[209] Bremer, GdB, S. 96.

[210] Beyer-Fehling/Bock, § 30 Anm. 4.

[211] S. a. S. 29, Fn. 6.

[212] Degner, WM 1975, Beilage 3, 20.

Aus diesem Grunde findet sich eine Ermächtigung der Landesregierung, nach Anhörung von Börsenvorstand und Kursmaklerkammer eine Gebührenordnung für die Tätigkeit der Kursmakler zu erlassen[213]. Diese Befugnis ist auf die Börsenaufsichtsbehörde übertragbar[214].

Die Berechnung der Gebühren erfolgt bei Aktien auf der Grundlage des Kurswertes, bei festverzinslichen Papieren auf der Grundlage des Nennbetrages des Geschäftes[215]. Diese differenzierte Bestimmung ist notwendig, da der Makler im Handel mit Dividendenpapieren (deren Kurswert ein Vielfaches vom Nennbetrag ausmachen kann) einem höheren Risiko ausgesetzt ist[216].

Wegen des vom Umsatz abhängigen Provisionsaufkommens dient das bei der Berechnung amtlicher Kurse zur Anwendung kommende Höchstumsatzprinzip[217] nicht nur dem Zweck, marktnahe Preise zu bestimmen, sondern indirekt auch finanziellen Interessen des Maklers.

Inzwischen hat sich gezeigt, daß die zuständigen Behörden bei der Bemessung der Provisionssätze vorrangig (gesamt-)wirtschaftliche Erwägungen einfließen lassen. Wesentlich getragen durch die Begründung, der Wertpapierhandel müsse durch geringe Transaktionskosten attraktiv gestaltet werden, hat sich ein Trend zur Reduzierung der Sätze herausgebildet. Ein entsprechender Handlungsbedarf wurde und wird aus den in den letzten Jahren explosionsartig angestiegenen Börsenumsätzen und den gleichzeitig kräftig gewachsenen Maklereinkommen abgeleitet. Eine maßgebliche Rolle hat das hessische Wirtschaftsministerium übernommen, das seine Zuständigkeit für den umsatzstärksten Börsenplatz Frankfurt zuletzt dazu genutzt hat, den Courtagesatz für Geschäfte in Aktien zum Januar 1986 um ein Fünftel zu senken. Um die Konkurrenzfähigkeit der übrigen Börsenplätze zu erhalten, mußten deren Sätze daraufhin angepaßt werden[218].

Abgesehen davon, daß dieses Vorgehen nur eine vergleichsweise geringe Reduzierung der Wertpapiertransaktionskosten für einen nicht zum Börsenhandel zugelassenen Investor bewirkt hat[219], begegnet es darüber hinaus

---

[213] § 30 Abs. 3 S. 1 BörsG; zur Vereinbarkeit dieser Vorschrift mit Art. 80 Abs. 1 S. 2 GG s. Beyer-Fehling/Bock, § 30 Anm. 4.

[214] § 30 Abs. 4 BörsG.

[215] § 30 Abs. 3 S. 2 BörsG; im Handel mit Aktien wird die Berechnung nach einheitlichen Prozentsätzen durchgeführt, während hinsichtlich Börsengeschäften in festverzinslichen Papieren ein gestaffeltes System Anwendung findet, bei dem die Courtage mit wachsendem Auftragsvolumen prozentual geringer wird.

[216] S. Matthes, S. 190.

[217] S. S. 86.

[218] HB v. 27.11.85. Zu den Bestrebungen, die Provision für die Vermittlung festverzinslicher Papiere zu senken s. HB v. 18.6.86; HB v. 25.9.86.

[219] Da die Maklercourtage im Vergleich zu den Provisionen der als Kommissionäre tätigen Kreditinstitute sowie der Börsenumsatzsteuer nur gering ins Gewicht fällt, redu-

tiefgreifenden rechtlichen Bedenken. Bei der Bemessung der Maklerprovision sind gemäß § 30 Abs. 3 S. 3 BörsG grundsätzlich das Wagnis und die Beschränkungen der sonstigen gewerblichen Tätigkeit des Kursmaklers nach § 32 Abs. 3 BörsG[220] zu berücksichtigen. Das Risiko erhöht sich naturgemäß bei steigenden Umsätzen, da der Makler im Interesse des Marktausgleiches öfter veranlaßt sein wird, selbst einzutreten[221]. Für den Rentenmakler, der nicht am Frankfurter Platz tätig ist, gilt das um so mehr, als die Bevorzugung der dortigen Börse durch die Deutsche Bundesbank zu einer immer größeren Konzentration der Umsätze in festverzinslichen Papieren an diesem Platz geführt hat[222]. Der Makler ist dementsprechend teilweise gezwungen, eine gesteigerte Eigengeschäftstätigkeit zu entfalten.

Die Schmälerung der Provisionen und damit des dem Makler verfügbaren Risikokapitales findet zudem in einer Phase statt, in der die deutschen Wertpapiermärkte technisch Anschluß an die führenden ausländischen Plätze suchen. Die den Kursmakler erwachsenden Kosten lassen sich zwar nicht in allen Einzelheiten abschätzen[223]. Wegen des Verbotes, eine andere gewerbliche Tätigkeit aufzunehmen, sind Kursmakler allerdings in erster Linie auf die Erzielung ausreichender Courtageeinkommen angewiesen, wenn sie in die Lage versetzt werden sollen, notwendige Investitionen vorzunehmen.

Die für eine Senkung des Maklerlohnes angeführten Argumente tragen den genannten Erfordernissen ebensowenig Rechnung wie dem Umstand, daß eine Anpassung des Provisionsaufkommens naturgemäß nicht innerhalb kürzester Frist stattfindet und die wirtschaftliche Existenz des Kursmaklers in Zeiten zurückgehender Börsenumsätze gefährdet werden könnte. Sie reduzieren die Ermächtigung zur Gebührenfestsetzung vielmehr zu einem bloßen Instrument der Einkommenssteuerung, das im Gesetz keine Stütze findet.

Gleichwohl bleiben die Kriterien, nach denen die Landesregierung die Höhe der Maklerprovision festzulegen hat, äußerst vage. Sicher läßt sich nur mit dem Zweck der Ermächtigung des § 30 Abs. 3 BörsG argumentieren. Die Bestimmung des Maklereinkommens soll danach Stellen obliegen, die ihre Entscheidungen unabhängig von Einflüssen der Börsenteilnehmer und aus-

---

zierten sich die Gesamtkosten etwa für den An- und Verkauf von Aktien von 2,7 % lediglich auf 2,66 % (s. HB v. 25.3.86). In der Diskussion dominiert allerdings der Gesichtspunkt, welche Kosten dem Börsenbesucher entstehen. Einzelheiten zur Struktur der Transaktionskosten s. bei Schwark, Gutachten II, S. 28 ff.

220 S. S. 107 ff.

221 HB v. 25.9.86; Courtageeinkünfte dienen im wesentlichen auch der Bildung von Eigenkapital, mit dem diese Betätigung finanziert wird.

222 HB v. 25.9.86.

223 HB v. 18.6.86.

schließlich aufgrund sachlicher Erwägungen zu treffen haben[224]. Der Festlegung eines bestimmten Mindesteinkommens bedarf es jedenfalls solange nicht, als die Einkünfte nicht auf ein Minimum herabsinken, das die Erfüllung der Kursmaklerfunktion gefährdet[225].

δ) Die Geltendmachung des Maklerlohnes

Nach § 99 HGB hat jede Partei mangels abweichender Vereinbarung oder Handelsbrauches die Provision zur Hälfte zu begleichen. In den geltenden Gebührenordnungen findet sich regelmäßig eine andere Formulierung dieses Tatbestandes. Danach schuldet jede Vertragsseite eine der festgelegten Gebühren.

Gebührenschuldner ist grundsätzlich jeder, der als Käufer oder Verkäufer den Abschluß eines Geschäftes veranlaßt bzw. wer die Gebühr durch eine dem Kursmakler gegenüber abgegebene Erklärung übernommen hat[226].

Die von den Börsenbesuchern geschuldeten Provisionsbeträge werden datentechnisch gesammelt und zweimal im Monat (am 15. und Ultimo) nach Händlern sortiert aufgelistet. Die Abrechnung erfolgt entweder durch die Lombardkasse oder im Wege des Clearings durch die Landeszentralbanken.

Die Provisionssätze sind Höchstgebühren[227]. Freie Börsenmakler kommen regelmäßig in den Genuß provisionsermäßigter oder gar kostenfreier Abwicklung, um sie zu veranlassen, die ihnen erteilten Aufträge zur amtlichen Kursfeststellung zu bringen und auf diese Weise die Ermittlung marktgerechter Preise zu gewährleisten[228]. Reicht ein Kreditinstitut kompensationsfähige Orders ein, so wird lediglich für eine Seite Courtage berechnet[229].

ε) Die Bildung von Courtagepools

Zur Nivellierung der Ungleichgewichte im Umsatz der einzelnen Makler mit daraus resultierenden unterschiedlichen Provisionseinkommen[230] wurde

[224] S. a. S. 65 f.

[225] Schwark, § 30 Rdnr. 11.

[226] S. z. B. § 5 GebO KM Düsseldorf.

[227] Z. B. § 3 Abs. 5 GebO KM Düsseldorf.

[228] S. a. S. 47, Fn. 75.

[229] Aus diesem Grunde können auch die als Kommissionäre tätigen Kreditinstitute an hohen Courtagesätzen interessiert sein. Den Kommittenten wird nämlich auch dann die Maklergebühr in Rechnung gestellt, wenn sie tatsächlich nicht angefallen ist.

Einen weiteren Vorteil können Kreditinstitute aus den Staffelgebühren ziehen, die mit wachsendem Auftragsvolumen prozentual abnehmen. Nach Sammeln einiger kleinerer Orders geben sie den gesamten Posten an den Kursmakler und nehmen den prozentual geringeren Provisionssatz in Anspruch, während sie von ihren Kunden denjenigen Satz verlangen, der dem Volumen des erteilten Auftrages entspricht.

an den meisten Börsenplätzen ein Pool gebildet, in den der Kursmakler einen bestimmten Teil seiner Courtageeinkünfte[231], nicht jedoch Erträge aus Eigen- bzw. Aufgabegeschäften einzahlt. Die gepoolten Beträge werden, soweit eine Finanzierung nicht durch Umlage erfolgt, zunächst zur Deckung der Unkosten für die Benutzung der Börseneinrichtungen und die Entlohnung des Personales[232] verwandt, die Überschüsse sodann nach Köpfen unter die Makler verteilt.

Während man eine solche Verfahrensweise früher überwiegend als Benachteiligung der tüchtigen Makler verurteilte[233], wird nunmehr ihren Vorzügen größeres Gewicht beigemessen. Der einzelne Makler gewinnt aufgrund der Ausgleichsfunktion eines Pools und der damit verbundenen Absicherung vor Einkommensausfällen an finanzieller Beweglichkeit sowie Unabhängigkeit gegenüber den Börsenbesuchern, die durch die Entscheidung, bei der Erteilung von Vermittlungsaufträgen bevorzugt freie Makler zu berücksichtigen, sein Einkommen schmälern und dadurch Druck ausüben könnten. Darüber hinaus besteht die Möglichkeit der Erzielung eines leistungsgerechten Einkommens auch im Rahmen eines Poolvertrages, und zwar über die Bestimmung einer entsprechend niedrigen Poolquote.

Rechtsgrundlage eines Pools ist regelmäßig eine privatrechtlich getroffene Vereinbarung, die ihm den Charakter einer atypischen Gesellschaft bürgerlichen Rechtes verleiht.

In der Praxis wird teilweise die Einführung eines Poolzwanges mit dem Hinweis befürwortet, die Einsetzung eines Kursmaklers in einen provisionsträchtigen Markt erfolge eher zufällig, ein hohes Einkommen beruhe im wesentlichen also nicht auf eigener Leistung. Dem Makler in dieser Situation eine Möglichkeit zu eröffnen, Zahlungen an den Pool zu vermeiden, sei im Hinblick auf weniger begünstigte Berufskollegen unzumutbar.

Ob ein Poolzwang in einer Börsenordnung oder einer Satzung der Kursmaklerkammer festgeschrieben und damit öffentlich-rechtlich begründet werden kann, erscheint in Anbetracht des privatrechtlichen Gepräges der Vermittlungstätigkeit[234] und des Maklerlohnes[235] zweifelhaft[236]. Sachgerech-

230 S. S. 27 f.

231 Die Poolquote beträgt derzeit an der Börse in Berlin 85 %, in Bremen 20 %, in Düsseldorf 70 %, in Frankfurt 70 %, in Hannover 100 %, in Hamburg 50 % und in Stuttgart 100 %. Die Angaben von Tilly (S. 173 f.) sind inzwischen überholt.

232 Auch die Entlohnung der Angestellten, die aus finanztechnischen Gründen regelmäßig als Arbeitnehmer einzelner Kursmakler beschäftigt sind, erfolgt in diesen Fällen aus dem Pool, wenn sie für die Gesamtheit der Makler tätig werden.

233 Tilly, S. 173.

234 S. S. 40 ff.

235 S. S. 63 f.

236 Bremer (GdB, S. 91) leugnet jedenfalls die Zulässigkeit öffentlich-rechtlicher Weisungen der Kursmaklerkammer „unter dem Regime des Grundgesetzes“.

ter wäre es, die Bestellung zum Kursmakler von einer unwiderruflichen Erklärung abhängig zu machen, dergemäß der Kandidat verpflichtet wird, einem bestehenden Courtagepool beizutreten.

bb) Der Anspruch auf Aufwendungsersatz

Der Ersatz von Aufwendungen ist nach allgemeinen Grundsätzen von einer entsprechenden Vereinbarung zwischen Auftraggeber und Makler abhängig (§ 652 Abs. 2 BGB).

Ein Kursmakler darf neben der Provision eine Erstattung von Auslagen, die durch die gebührenpflichtige Tätigkeit entstehen, grundsätzlich nicht verlangen (§ 30 Abs. 3 S. 4 BörsG).

III. Die Feststellung amtlicher Börsenkurse

1. Die Bedeutung amtlicher Börsenpreise

a) Das an den deutschen Wertpapierbörsen übliche Verfahren zur Feststellung amtlicher Börsenpreise garantiert ihre besondere Qualität[237].

Ein gerechneter Kurs bildet die Essenz sämtlicher Aufträge, die dem Kursmakler zu einem bestimmten Zeitpunkt vorliegen, beinhaltet also eine vollständige Abwägung der Angebots- mit der Nachfrageseite[238]. Das Kommissionsverhältnis zwischen Anleger und Kreditinstitut wird im beiderseitigen Interesse geregelt. Für den Kommittenten ist die korrekte Abrechnung seines Auftrages gewährleistet, der Kommissionär kann jederzeit nachweisen, daß er die Order im Interesse des Kunden durchgeführt hat[239].

Im variablen Markt werden die Geschäfte in Gegenwart versierter Händler öffentlich abgeschlossen. Die Händler stehen in Konkurrenz zueinander, was es unwahrscheinlich macht, daß Preise festgesetzt werden, die der Marktlage nicht entsprechen.

Ferner bietet das praktizierte Wertpapierhandelssystem weitgehenden Schutz vor anlegerschädigenden Manipulationen[240].

---

[237] Zum Begriff des Börsenpreises s. Schwark, § 29 Rdnr. 1 f. Die Notierung erfolgt bei Aktien in DM pro Stück, bei festverzinslichen Wertpapieren in Prozent [s. § 1 der Verordnung über die Feststellung des Börsenpreises von Wertpapieren v. 17. April 1967 (BGBl. I, S. 479)]. Außerdem kann der Börsenvorstand beschließen, daß bestimmte Wertpapiere in ausländischer Währung oder einer Rechnungseinheit notiert werden (§ 29 Abs. 4 BörsG).

[238] Tilly, S. 72.

[239] Schwark, Gutachten I, S. 13; Tilly, S. 73.

[240] Eingehend zu den möglichen Gefahren s. Schmidt, S. 33 ff., insbesondere S. 45 ff.

b) Aus der Qualität des amtlichen Börsenkurses resultiert seine über den Börsenverkehr hinausgehende Bedeutung. Kommt es auf aktuelle Wertansätze an, wird er auch außerbörslichen Vorgängen zugrundegelegt, etwa der Auseinandersetzung[241], Bilanzierung[242] und Besteuerung[243] von Vermögen. Die Existenz von Börsenpreisen unterstützt überdies wichtige Kalkulations- und Investitionsentscheidungen in der Wirtschaft. Der Kurs von Anteilscheinen bietet oftmals einen Aspekt zur Unternehmensbewertung, vermag also etwa eine Kaufentscheidung oder auch die Konditionen zu beeinflussen, zu denen das Unternehmen sich refinanzieren kann.

Eine Reihe gesetzlicher Vorschriften verleiht dem Börsenpreis auch rechtliche Relevanz[244]. Wird eine Sache an der Börse gehandelt und ein entsprechender Preis festgestellt, so ist die Pfandverwertung im Wege des freihändigen Verkaufes oder durch öffentliche Versteigerung zulässig[245]. Ein freihändiger Verkauf zum laufenden Preis kann auch dann bewirkt werden, wenn sich der Handelskäufer im Verzug der Annahme befindet[246]. Schadensersatz wegen Nichterfüllung kann nach dem Recht des Fixhandelskaufes als Differenz zwischen Kaufpreis und dem Börsenpreis zur Zeit und am Ort der geschuldeten Leistung berechnet werden[247].

Die Notierung von Wertpapieren an der Börse eröffnet überdies bestimmten institutionellen Anlegern entsprechende Anlagemöglichkeiten[248] und begründet die Lombardfähigkeit festverzinslicher Wertpapiere[249].

c) Ausdrücklich auf den amtlichen Kurs wird im Kommissionsrecht Bezug genommen. § 400 Abs. 1 HGB ordnet an, daß eine Wertpapierkommission auch durch Selbsteintritt des Kommissionärs bewirkt werden kann, wenn für das Papier ein amtlicher Kurs festgesetzt wird. Der Kommissionär darf dieses Recht allerdings nicht dazu nutzen, dem Kommittenten einen ungünstigeren als den amtlichen Preis in Rechnung zu stellen (§ 400 Abs. 5 HGB)[250].

---

241 Etwa einer Erbengemeinschaft (§§ 2050 ff. BGB), nach der Auflösung einer Ehe (§§ 1471 ff., 1497 ff. BGB) oder zwischen Gesellschaftern (§§ 730 ff. BGB).

242 §§ 253 Abs. 3 HGB, 155 Abs. 2 AktG; s. a. § 157 Abs. 4 S. 1 AktG.

243 § 19 a Abs. 3 Nr. 1, Abs. 6 EStG; s. a. § 11 BewG.

244 Über die nachfolgend genannten Vorschriften hinaus vgl. etwa auch §§ 234 Abs. 1 BGB, 267 Abs. 2 S. 3 HGB, 65 Abs. 3 S. 1, 226 Abs. 3 S. 1 AktG.

245 §§ 1221, 1235 Abs. 2, 1295 BGB; s. a. § 821 ZPO.

246 § 373 Abs. 2 S. 1 Halbs. 2 HGB.

247 § 376 Abs. 2 und 3 HGB.

248 §§ 63 Abs. 1 Nr. 1 SGB IV, 54 a Abs. 1 Nr. 5 und 6 VAG, 8 Abs. 1 lit. a KAGG; s. a. § 2 Abs. 1 Nr. 1 lit. a VermBG.

249 Die Bundesbank kann Kreditinstituten Darlehen gegen Verpfändung bestimmter Wertpapiere, Schuldbuch- oder Ausgleichsforderungen gewähren. Die zulässigen Pfänder werden im „Verzeichnis der bei der Bundesbank beleihbaren Wertpapiere“ (Lombardverzeichnis) aufgeführt (s. Büschgen, Stichwort „Lombardkredit“).

250 Im Wertpapierhandel hat die genannte Vorschrift an Bedeutung dadurch verloren,

Werden Darlehen in Hypothekenpfandbriefen gewährt, so kann der Schuldner die Rückzahlung der Hypothek auch in Pfandbriefen bewirken, die derselben Gattung angehören wie die empfangenen Pfandbriefe. Pfandbriefe, die bei der amtlichen Feststellung der Kurse nicht unterschieden werden, gelten stets als derselben Gattung zugehörig[251].

Zur Regelung des Geldmarktes darf die Deutsche Bundesbank am offenen Markt zum amtlichen Handel zugelassene Schuldverschreibungen zu Marktsätzen kaufen und verkaufen[252].

2. Der Gegenstand amtlicher Kursfeststellung

Ein Wertpapier, das mit amtlicher Feststellung des Börsenpreises (amtlicher Notierung) an der Börse gehandelt werden soll, bedarf grundsätzlich einer ausdrücklichen Zulassung (s. § 36 Abs. 1 BörsG), über die eine spezielle Kommission — die Zulassungsstelle — befindet (§ 37 BörsG). Das ausgefeilte Zulassungsverfahren dient dem Zweck, den amtlichen Handel unsolider Emissionen auszuschließen[253]. Demgemäß sind Entscheidungen der Zulassungsstellen durch die kursfestsetzenden Instanzen uneingeschränkt zu respektieren[254].

a) Anläßlich der Börsenrechtsreform durch das BörsZulG[255] wurde darauf verzichtet, das zuvor ausdrücklich normierte Verbot[256] zu erneuern, solche Wertpapiere amtlich zu notieren, deren Zulassung verweigert oder nicht nachgesucht wurde. Eine Rechtsänderung ist dadurch nicht eingetreten. Das genannte Verbot läßt sich bereits aus der bloßen Existenz des Zulassungserfordernisses ableiten[257].

b) Keiner ausdrücklichen Zulassung zum Handel bedürfen Schuldverschreibungen des Bundes, seiner Sondervermögen[258] oder eines Bundeslan-

---

daß sich die Kreditinstitute verpflichtet haben, Kundenaufträge in zum amtlichen Handel zugelassenen Aktien grundsätzlich über die Börsen abzuwickeln (§ 29 AGB-Banken). Damit wird sowohl eine Erfüllung von Kommissionsgeschäften aus dem Eigenbestand der Kreditinstitute wie auch die Kompensation von Kundenorders ausgeschlossen (s. Baumbach/Duden/Hopt, § 29 AGB-Banken, Anm. 1 E).

[251] § 14 HypBG.

[252] § 21 Nr. 4 BBankG.

[253] Einzelheiten finden sich in der BörsZulV v. 15. April 1987 (BGBl. I, S. 1234 ff.).

[254] Olenhusen, S. 81; die Zulassungsstellen sind in ihren Entscheidungen allerdings ebenfalls an bestimmte Vorgaben gebunden (s. § 36 Abs. 3 BörsG).

[255] BGBl. 1986, Teil I, S. 2478 ff.

[256] § 43 S. 1 BörsG i. d. F. v. 27. Mai 1908 (RGBl., S. 215).

[257] Vgl. BT-DrS 10/4296, S. 18 (zu § 78).

[258] Anleihen der Bundespost (§ 22 Abs. 4 PostVwG) sowie der Bundesbahn (§ 31 Abs. 2 BbG).

des sowie Schuldverschreibungen, die von einem anderen Mitgliedsstaat der Europäischen Wirtschaftsgemeinschaft ausgegeben werden. Diese Anleihen sind kraft Gesetzes an jeder inländischen Börse zum Handel mit amtlicher Notiz zugelassen (§ 41 BörsG).

c) Das Zulassungsverfahren muß vor Aufnahme der ersten amtlichen Preisfeststellung unter Einhaltung sämtlicher Formalien vollständig abgeschlossen sein[259]. Ferner bedarf es der speziellen Organisation des Handels in dem betreffenden Papier (der Einführung)[260], etwa der Entscheidung, welcher Kursmakler für die Notiz zuständig sein soll[261].

d) Gemäß § 42 Abs. 2 BörsG dürfen Wertpapiere, die zur öffentlichen Zeichnung aufgelegt sind, erst nach beendeter Zuteilung in den Handel eingeführt und amtlich notiert werden (Verbot des Handels per Erscheinen)[262].

3. Exkurs: Der Gegenstand nicht-amtlicher Preisfeststellung

a) Die Preisfeststellung im Geregelten Markt und im Freiverkehr

aa) Für die Notierung von Preisen im Geregelten Markt bestimmt der Börsenvorstand einen oder mehrere Makler (§ 75 Abs. 1 BörsG). Die Ausübung dieser Funktion kann auch Kursmaklern übertragen werden[263].

Das Verfahren der Kursfeststellung soll sich im wesentlichen an den Vorschriften für die amtliche Notiz orientieren[264], weist jedoch keinen amtlichen Charakter auf. Dieser Umstand kommt schon durch die Überschrift des V. Abschnittes des Börsengesetzes zum Ausdruck, der die „Zulassung von Wertpapieren zum Börsenhandel mit nicht-amtlicher Notierung" regelt. Ein

---

[259] S. Hemptenmacher, § 43 Anm. 1.

[260] Schwark, § 43 Rdnr. 5; zum Zeitpunkt der Einführung s. § 52 BörsZulV (BGBl. 1987, Teil I, S. 1234 ff.).

[261] Zur Geschäftsverteilung s. S. 26 ff.

[262] Diese Vorschrift soll verhindern, daß die Emissionshäuser die aufgelegten Papiere an der Börse zu Preisen über dem Zeichnungskurs abgeben und den Zeichnern keine oder nur geringe Beträge zuteilen. Andererseits sollen die Emittenten im Falle eines unvorhergesehenen Angebotsdruckes nicht genötigt sein, größere Mengen der angebotenen Stücke wieder vom Markt zu nehmen (s. Hemptenmacher, § 43 Anm. 1). Die öffentliche Zeichnung von Wertpapieren zählt derzeit allerdings zu den Ausnahmefällen. Neuemissionen werden fast ausschließlich von spezialisierten Kreditinstituten übernommen und dann „im Publikum untergebracht" (Bremer, GdB, S. 111).

[263] BT-DrS 10/4296, S. 17 (§ 75). Der Handel im Geregelten Markt wird an den Börsen in Düsseldorf und Frankfurt von Freimaklern, an den übrigen Plätzen teilweise auch von Kursmaklern organisiert (s. Schäfer, ZIP 1987, 958).

[264] S. BT-DrS 10/4296, S. 17 (§ 75).

tätig werdender Kursmakler handelt somit außerhalb seiner amtlichen Funktion im Auftrag und unter besonderer Aufsicht des Börsenvorstandes[265].

Einzelheiten der Preisfeststellung und -veröffentlichung finden sich in den Börsenordnungen (§ 72 Abs. 2 Nr. 4 BörsG)[266].

bb) Den bzw. die für den Ausruf und die Preisfeststellung im Freiverkehr zuständigen Makler bestimmt ebenfalls der Börsenvorstand[267].

Für die Kursnotierung gelten regelmäßig die Bestimmungen des amtlichen Handels sinngemäß, soweit nicht Besonderheiten zu beachten sind[268].

b) Die Preisfeststellung im Terminmarkt

aa) An den deutschen Börsen waren bis zur Einstellung des Terminhandels im Jahre 1931[269] zwei Kategorien von Wertpapiertermingeschäften[270] üblich.

Die sogenannten Festgeschäfte, effektive Umsätze mit hinausgeschobenem Lieferungs- und Zahlungstermin, aber zu „festen" Kursen[271], wurden am amtlichen Markt abgeschlossen, die zugrundegelegten Preise unter Mitwirkung der Kursmakler amtlich festgestellt[272]. Die Abwicklung von Termingeschäften besonderer Art[273] erfolgte demgegenüber im Freiverkehr[274].

bb) Die geltende Rechtslage ist durch die Vorschriften der §§ 50 und 63 BörsG geprägt.

Danach sind Börsentermingeschäfte in Aktien nur statthaft, soweit sie durch Rechtsverordnung des Bundesministers der Finanzen mit Zustimmung des Bundesrates zugelassen werden. Die Zulassung läßt sich auf bestimmte Börsengeschäfte beschränken (§ 63 Abs. 1 BörsG). Börsenterminge-

---

[265] Schäfer (ZIP 1987, 958) bezeichnet die Preisfeststellung im Geregelten Markt aus diesem Grunde als „amtlich kontrolliert".

[266] In Abweichung zum amtlichen Handel kann etwa vorgesehen werden, daß eine Notierung nur an bestimmten Wochentagen stattfinden soll. Einzelheiten s. a. bei Kümpel, WM 1988, 1621 ff.

[267] S. etwa § 9 der Richtlinien für den Freiverkehr an der Frankfurter Wertpapierbörse.

[268] S. etwa § 11 der Richtlinien für den Freiverkehr an der Frankfurter Wertpapierbörse.

[269] Diese Einstellung erfolgte im Verlaufe der Weltwirtschaftskrise wegen einer starken Liquidationsverknappung sowie der immensen Spekulationsrisiken, die die ordnungsgemäße Börsengeschäftsabwicklung gefährdeten (s. Oppermann, S. 128).

[270] Zum Begriff des Börsentermingeschäftes s. etwa Bletz, BB 1987, 627 ff.; Häuser, ZIP 1981, 933 ff.; Kümpel, WM 1987, 1321 ff.; Schwark, §§ 50-70 Rdnr. 1, jeweils m. w. N.

[271] S. etwa Oppermann, S. 128.

[272] CV-Trumpler, § 51 Anm. 15; Ziganke, WM 1969, 1290.

[273] Prämien-, Noch-, Stellage- und Stellgeschäfte (Einzelheiten s. etwa bei Sommerfeld, S. 38 ff.; Ziganke, WM 1969, 1290.

[274] Ziganke, WM 1969, 1290.

schäfte in anderen Wertpapieren kann der Bundesminister für Finanzen durch Rechtsverordnung mit Zustimmung des Bundesrates verbieten, beschränken oder von Bedingungen abhängig machen, soweit der Schutz des Publikums eine solche Maßnahme gebietet (§ 63 Abs. 2 BörsG).

Soweit die Termingeschäfte an der Börse abgeschlossen werden sollen (offizieller Börsenterminhandel), bedürfen sie grundsätzlich der Zulassung durch den Börsenvorstand (§ 50 Abs. 1 S. 1 BörsG)[275]. Der Abschluß solcher Termingeschäfte, die weder gesetzlich noch behördlich verboten noch durch den Börsenvorstand zugelassen sind, erfolgt zwar inoffiziell, aber im erlaubten Rahmen[276].

Durch Erlaß und nachfolgende Änderungen der BörsTermZulV[277] wurde der offizielle Börsenterminhandel in Form des Optionsgeschäftes[278] zunächst für eine Reihe von Aktien (wieder-)eingeführt[279]. Seit April 1986 findet außerdem ein Optionshandel in öffentlichen Anleihen statt[280].

cc) Bezüglich der Befugnis zur Organisation des offiziellen Börsenterminhandels haben sich in der Praxis der deutschen Wertpapierbörsen unterschiedliche Regelungen herausgebildet. Während an den Börsen in Frankfurt und Berlin eine Zuständigkeit von Freimaklern besteht, gehört der Optionshandel an der Börse in Düsseldorf zum Aufgabenbereich eines Kursmaklers.

Der Handel vollzieht sich im Börsensaale als Parallelmarkt zum amtlichen Handel; eine amtliche Preisfeststellung wird derzeit in keinem Falle durchgeführt[281]. Die Feststellung eines amtlichen Kurses liegt zwar nicht im Wesen des Termingeschäftes[282], ist jedoch durchaus zulässig, wie sich der Vorschrift

---

[275] S. a. Bletz, BB 1987, 632.

[276] Schwark, § 50 Rdnr. 1.

[277] VO vom 26. Juni 1970 (BGBl. I, S. 993), zuletzt geändert durch die „Siebte Änderungsverordnung über die zu Börsentermingeschäften zugelassenen Wertpapiere" vom 10. März 1988 (BGBl. I, S. 302).

[278] Zum Begriff s. etwa Hammen, ZIP 1987, 151 m. w. N.; Einzelheiten der Geschäftsabwicklung bei Müller/Steuer, Die Bank 1986, 182 ff. Es gelten die „Besonderen Bedingungen für Optionsgeschäfte an den deutschen Wertpapierbörsen" vom 1. April 1983 (abgedruckt bei Schwark, Einl. §§ 50-70).

[279] S. § 1 BörsTermZulV.

[280] Ebenroth, ZIP 1988, 206; s. a. HB v. 5.3.85.

[281] Schlicht, S. 83. Wie der Umkehrschluß aus der Regelung des § 51 BörsG ergibt, kommen für eine amtliche Notiz überhaupt nur offizielle Börsentermingeschäfte in Betracht.

Anders Meyer/Bremer (§ 51 Anm. 10), der eine amtliche Preisfeststellung auch dann für zulässig erachtet, wenn diese Anordnung wegen eines laufenden Zulassungsverfahrens zum Terminhandel ausgesetzt wird (§ 51 Abs. 1 S. 3 BörsG).

Dieser Ansicht steht schon entgegen, daß eine wirksame Zulassung in diesem Fall eben noch nicht erfolgt ist und die Feststellung amtlicher Preise daher einen Verstoß gegen § 50 BörsG bedeuten würde.

[282] RGZ 4, 112 f.

des § 50 Abs. 6 BörsG explizit entnehmen läßt[283]. Außerdem geht das Börsengesetz im Zusammenhang mit der Regelung des nicht zugelassenen Terminhandels (§ 51 Abs. 1 S. 1 BörsG) von der Parallelität zwischen offiziellem Terminhandel und Vermittlung durch Kursmakler bzw. amtlicher Preisfeststellung aus[284]. Dieser Konnex, aus dem im Grunde die Notwendigkeit resultiert, Termingeschäfte im amtlichen Handel unter Mitwirkung eines Kursmaklers abzuwickeln, besteht prinzipiell auch im Hinblick auf Optionsgeschäfte[285]. Zu berücksichtigen bleibt jedoch, daß der Optionshandel lediglich den Erwerb oder die Veräußerung des Rechtes betrifft, durch einseitige Erklärung gegenüber dem Stillhalter das reguläre Wertpapierlieferungsgeschäft zustande zu bringen[286]. Diesem Optionsrecht kommt nach allgemeiner Ansicht die Eigenschaft eines handelsfähigen Wertpapieres[287] ebensowenig zu wie der banküblichen Abrechnung über ein Optionsgeschäft, die als bloße Beweisurkunde zu qualifizieren ist[288].

Im weiteren Sinne läßt sich auch der Umsatz von Optionsscheinen als Terminhandel ansehen. Diese Scheine bilden einen Bestandteil der sogenannten Optionsanleihen und berechtigen nach Zahlung einer festgelegten Geldsumme zum Bezug bestimmter Wertpapiere. Optionsscheine weisen sämtliche Eigenschaften eines Wertpapieres auf und können demgemäß auch zur amtlichen Notiz zugelassen werden[289].

4. Der Umfang der Befugnis zur Kursfeststellung

Dem im amtlichen Markt sämtlicher Börsen einheitlichen Tätigkeitsbild des Kursmaklers liegt nominell ein unterschiedlich weiter Kompetenzumfang zugrunde.

Nach der gesetzlichen Regelung wird die Aufgabe der amtlichen Preisfeststellung durch den Börsenvorstand wahrgenommen, soweit die Börsenord-

---

283 In diesem Fall sind die Vorschriften des II. Abschnittes des BörsG entsprechend anwendbar (§ 50 Abs. 6 BörsG).

284 Schwark, § 50 Rdnr. 8.

285 Die Ansicht des OLG Köln (WM 1983, 1073), das Optionsgeschäft bilde kein Termingeschäft, da Optionspreis und Optionsrecht sofort ausgetauscht würden, überzeugt schon deshalb nicht, weil der Verordnungsgeber der BörsTermZulV das Wertpapieroptionsgeschäft als Börsentermingeschäft bestimmt oder jedenfalls zumindest geregelt hat, daß es wie ein solches zu behandeln ist (Einzelheiten s. Hammen, ZIP 1987, 154; Ebenroth, ZIP 1988, 208 ff.).

286 Ebenroth, ZIP 1988, 208.

287 Kümpel, DB 1973, 757.

288 Zur Wertpapiereigenschaft von Beweisurkunden s. Schwark, § 36 Rdnr. 11 m. w. N.

289 Einzelheiten s. etwa bei Schwark, WM 1988, 921 ff.; Schwintowski, ZIP 1988, 1021 ff.; OLG Bamberg, ZIP 1989, 834 ff.; abw. LG Würzburg, ZIP 1988, 1038 ff.

nung nicht die Mitwirkung von Vertretern anderer Berufszweige vorsieht. An den Wertpapierbörsen, an denen eine Kursmaklerkammer besteht, soll diese Feststellung hingegen durch die Kursmakler erfolgen (§§ 29 Abs. 1, 30 Abs. 1 BörsG).

Aber obwohl inzwischen fünf Kursmaklerkammern errichtet wurden[290], entsprechen lediglich die Bestimmungen an zwei Plätzen[291] dem Zustand, der nach dem Willen des Gesetzgebers der Regelfall sein sollte. In der Praxis der übrigen Wertpapierbörsen bereiten die Kursmakler die Kursnotiz weitgehend vor[292], die ausdrückliche Festsetzung und Verkündung der Preise, also die letzte Verantwortlichkeit, obliegt dagegen dem Börsenvorstand[293]. Dieser wird allerdings üblicherweise nur dann tätig, wenn der Verdacht auf Unregelmäßigkeiten bei der Kursfeststellung aufkommt[294].

Den Grund für diese Rechtslage bildet die Existenz des § 35 BörsG. § 35 Abs. 1 Nr. 1 BörsG gewährt dem „Bundesrat"[295] die Befugnis, für einzelne Börsen eine von den Vorschriften der §§ 29 Abs. 1 und 2, 30 BörsG abweichende amtliche Feststellung des Börsenpreises von Wertpapieren zuzulassen[296]. Neben dem Verfahren der Kursfeststellung (§ 29 Abs. 2 BörsG) ist damit auch die gesetzliche Verantwortlichkeit für diese Tätigkeit (§§ 29 Abs. 1, 30 Abs. 1 BörsG) übertragbar. Die Kompetenz des „Bundesrates" verlagerte sich zunächst auf den Reichsrat[297], dann auf den Reichswirtschaftsminister[298]. An dessen Stelle ist die nach Art. 129 Abs. 1 GG zuständige Stelle getreten, und zwar für Rechtsverordnungen der Bundesfinanzminister (Art. 80 Abs. 1 GG), für Einzelanordnungen die zuständige

---

290 Und zwar an den Wertpapierbörsen in Berlin, Düsseldorf, Frankfurt, Hamburg und München.

291 An den Wertpapierbörsen in Frankfurt (s. § 25 Abs. 1 BörsO) und Hamburg (s. § 21 Abs. 2 BörsO).

292 S. schon Sommerfeld, S. 10.

293 S. etwa § 25 Abs. 1 BörsO Düsseldorf, § 24 Abs. 1 BörsO München (Verantwortlichkeit des Börsenvorstandes unter Mitwirkung der Kursmakler); § 24 Abs. 1 BörsO Berlin (Verantwortlichkeit des Börsenvorstandes unter Mitwirkung der Kursmaklerkammer).

294 S. schon Pfleger/Gschwindt III, S. 79; vgl. auch Tilly, S. 104.

295 § 35 BörsG in der geltenden Fassung wurde bereits mit dem Gesetz v. 22. Juni 1896 (RGBl., S. 157 ff.) eingeführt und reflektiert mangels Anpassung demgemäß die damalige Verfassungslage.

296 Meyer/Bremer (§ 35 Anm. 1) legt den Begriff „zulassen" im Sinne einer Zustimmungskompetenz aus. Eigenständige Anordnungen sollen unzulässig sein. Diese Deutung läßt sich allerdings nicht mit dem Wortlaut des § 35 Abs. 2 BörsG vereinbaren, demgemäß die Befugnis der Landesregierung zu Anordnungen der in Abs. 1 genannten Art nicht berührt sein soll. Diese Formulierung setzt eine eigenständige Ermächtigung des Bundesrates voraus.

297 Schwark, § 35 Rdnr. 4.

298 § 2 Abs. 2 des Gesetzes über die Aufhebung des Reichsrates vom 14. Februar 1934 (RGBl. I, S. 89).

Landesbehörde[299]. Verordnungen des Bundesfinanzministers bedürfen der Zustimmung des Bundesrates (Art. 129 Abs. 1, 80 Abs. 2 GG)[300]. Soweit „Reichsrat" oder „Reichsregierung" keine einschlägige Anordnung erlassen haben, kann die Befugnis gemäß § 35 Abs. 2 BörsG durch die Landesregierung mit Zustimmung der „Reichsregierung" ausgeübt werden[301]. Anordnungen, die bereits vor Errichtung der Bundesrepublik Deutschland ergingen, bestehen fort[302].

Die in Rede stehenden Abweichungen von der gesetzlichen Zuständigkeitszuweisung wurden in die einschlägigen Börsenordnungen aufgenommen und von der zuständigen Stelle entweder durch ausdrücklichen Bescheid bestätigt oder stillschweigend geduldet[303]. Auf diese Weise konservierte man den Status des Kursmaklers als Hilfsperson des Börsenvorstandes, der ihm nach der ursprünglichen Konzeption des Börsengesetzes von 1896 zukam, obgleich die geltende Rechtslage[304] seine Aufwertung zum eigenverantwortlich tätigen Organ der Kursfeststellung vorsieht[305].

Zu bemerken ist, daß die Kodifikation des § 35 BörsG ursprünglich die Möglichkeit eröffnen sollte, historisch überkommenen Eigentümlichkeiten der Börsen bei Bedarf Rechnung tragen oder auf neu auftretende Bedürfnisse flexibel reagieren zu können[306]. Da das Börsengesetz bei seinem Erlaß die Befugnis zur Kursfeststellung dem Börsenvorstand zuerkannte, konnte bei der Schaffung des Ausnahmetatbestandes nur daran gedacht sein, die Möglichkeit zu schaffen, auch andere Instanzen — und zwar insbesondere die Kursmakler — mit dieser Funktion zu betrauen. Der Anwendungsbereich des § 35 BörsG wurde in das Gegenteil verkehrt, als man die Ermächtigung zur amtlichen Preisfestsetzung dem Grundsatz nach auf die Kursmakler übertrug[307]. Dem Sinn der börsengesetzlichen Zuständigkeitsregelungen ent-

---

[299] Meyer/Bremer (§ 35 Anm. 4) meint, die Befugnisse des Bundesrates gemäß § 35 Abs. 1 BörsG seien ersatzlos entfallen (hierzu s. Schwark, § 35 Fn. 8).

[300] Schwark, § 35 Rdnr. 4.

[301] An die Stelle der Reichregierung ist nunmehr die Bundesregierung getreten (Art. 129 Abs. 1 GG); Einzelheiten s. Schwark, § 35 Rdnr. 5.

[302] Schwark, § 35 Rdnr. 4.

[303] Meyer/Bremer, § 35 Anm. 1.

[304] Die geltende Fassung des § 30 Abs. 1 BörsG wurde eingeführt durch das Gesetz zur Änderung des Börsengesetzes vom 5. März 1934 (RGBl. I, S. 169 ff.).

[305] Auch auf indirekte Weise lassen sich die gesetzlichen Zuständigkeitsvorschriften unter Umständen umgehen. Aufgrund ihrer Befugnis zur Organisation der Maklerkammer (§ 30 Abs. 2 S. 3 BörsG) kann die Landesregierung über Errichtung oder Auflösung der Kammer an den Börsen entscheiden, an denen weniger als acht Kursmakler bestellt sind (s. Schwark, Einl. zum BörsG, Rdnr. 13). Die Anzahl der Makler wiederum läßt sich durch eine entsprechende Bestellungspraxis regulieren.

[306] Vgl. Meyer/Bremer, § 35 Anm. 1.

[307] Den Grund für diese Verlagerung bot die sich durchsetzende Ansicht, der Börsen-

spräche nunmehr allein die Abschaffung der in § 35 BörsG niedergelegten Ausnahmetatbestände.

5. Die Rechtsnatur der amtlichen Kursfeststellung

a) Die Kursfeststellung als öffentlich-rechtliche Tätigkeit

aa) Der rechtliche Charakter der amtlichen Kursfeststellung läßt sich durchaus unterschiedlich einschätzen.

Aus der Zielsetzung heraus, das Rechtsinstitut des vereidigten Maklers zu beseitigen, wurde verschiedentlich die Ansicht vertreten, das gesamte Handelsmaklerrecht sei als reine Privatrechtsmaterie aufzufassen. Die Existenz der staatlichen Bindungen, denen Kursmakler unterliegen, sollte dieser These nicht entgegenstehen; in dieser Hinsicht bestünden Parallelen etwa zu der Stellung von Rechtsanwälten oder Notaren[308].

Diese Sichtweise widerspricht allerdings der historischen Entwicklung des Börsenrechtes. Als Annex zur Aufgabe der vereidigten Makler, Geschäftsabschlüsse in Maklerbüchern bzw. auf Schlußnoten zu vermerken und damit gleichsam zu beurkunden, war die Kursfestsetzung vor Erlaß des Börsengesetzes eindeutig öffentlich-rechtliche, das heißt dem Staat vorbehaltene Aufgabenerfüllung[309]. Nach Abschaffung der Privatbörsen erhielten die staatlich genehmigten Börsen das Privileg, daß öffentlich-rechtliche Funktionen nur noch an ihnen wahrgenommen werden durften[310]. Es fand also lediglich eine Verlagerung der Aufgabenzuweisung statt.

Darüber hinaus sind auch die Börsen selbst als öffentlich-rechtliche Veranstaltungen einzuordnen[311]. Der Umstand, daß die Preisnotiz nach § 29 BörsG zu dem „spezifischen Leistungsprogramm" dieser Veranstaltungen zählt[312], läßt ebenfalls auf eine entsprechende Charakterisierung der kursfeststellenden Tätigkeit schließen.

Ein weiteres Indiz liefert die Stellung des Börsenvorstandes, dem nach dem Börsengesetz von 1896 ursprünglich die alleinige Befugnis zur Kursfeststellung übertragen war[313]. Zeitweise war die Auffassung herrschend, dieses

---

vorstand sei kein wirklich neutrales Organ, da er sich zum überwiegenden Teil aus Vertretern der Kreditinstitute zusammensetzt (s. Schwark, Einl. zum BörsG, Rdnr. 13).

308 Triebel, S. 66 f.

309 Tilly, S. 106 f. m. w. N.

310 S. Huber, S. 617.

311 Schwark, § 1 Rdnr. 10 ff.

312 Schwark, § 29 Rdnr. 24.

313 S. bereits S. 21, 76 ff.

Gremium würde als privatrechtlicher Vertreter des Börsenträgers tätig[314]. In der Folgezeit setzte sich demgegenüber die Ansicht durch, daß Börsenträgerschaft und Börsenleitung unterschiedliche Funktionsbereiche beschreiben. Der Börsenleitungsfunktion, zu der auch die amtliche Kursfeststellung zu rechnen ist[315], wird in diesem Zusammenhang nach einhelliger Meinung ein öffentlich-rechtlicher Charakter zuerkannt[316]. Eine widersprechende Wertung verbietet sich auch dann, wenn der Kursmakler die Festsetzung der Börsenpreise in eigener Verantwortung[317] durchführt.

Zusammenfassend kann man daher sagen, daß der amtliche Makler in bezug auf seine kursfeststellende Tätigkeit ein öffentliches Amt bekleidet[318].

bb) Ebenfalls kontrovers wird die Frage beantwortet, ob das Ergebnis der Kursfeststellung, der amtliche Börsenpreis, einen öffentlich-rechtlichen Charakter aufweist. Teilweise wird diese Einordnung mit dem Hinweis auf den engen Zusammenhang zu den privatrechtlich getätigten Börsengeschäften abgelehnt. Der amtliche Preis diene entweder der Registrierung dieser Abschlüsse oder verkörpere das Rechenergebnis aus den an der Börse aufgetretenen Angebots- und Nachfragesituationen[319].

Eine solche Sichtweise berücksichtigt allerdings nicht hinreichend, daß der Begriff „Kursfeststellung" als komplexer Vorgang aufzufassen ist, der Kursermittlung, Kursfestsetzung sowie einen registrierenden Beurkundungsakt umfaßt[320]. Gegenüber dem Preis des einzelnen Börsgengeschäftes stellt der amtliche Kurs mithin ein rechtliches aliud dar[321]. Dieser Befund äußert sich bereits in dem Umstand, daß die Börsenbesucher ihren Abschlüssen nicht unbedingt den amtlichen Kurs zugrunde legen müssen; anderweitige Vereinbarungen bleiben durchaus zulässig. Der amtliche Kurs verkörpert aus diesem Grunde lediglich denjenigen Preis, der zu einem bestimmten Zeitpunkt den Ausgleich von Angebot und Nachfrage zuläßt, und damit nichts anderes als einen abstrahierten, öffentlich-rechtlich bestimmten Wertmaßstab der Geschäftslage[322].

---

[314] Nußbaum §§ 1 Anm. IV a 1. bis 4., 5 Anm. II b.

[315] S. etwa Tilly, S. 140; Schwark, § 29 Rdnr. 24.

[316] Tilly, S. 140.

[317] S. S. 77.

[318] So ausdrücklich § 5 Abs. 1 S. 1 MaklerO Berlin; s. a. Tilly, S. 123.

[319] Schwark, § 29 Rdnr. 25. Der enge Zusammenhang des amtlichen Börsenkurses mit dem privatrechtlichen Preis besitzt für sich genommen allerdings kaum Aussagewert. Tilly (S. 141 m. w. N.) erwähnt in diesem Zusammenhang das Beispiel der Tätigkeit von Gutachterausschüssen nach §§ 192 ff. BauGB, die sich ebenfalls an Angebots- und Nachfragesituationen orientiert, unstreitigerweise aber gleichwohl in den Formen des öffentlichen Rechtes abläuft.

[320] Tilly, S. 141.

[321] Tilly, S. 143.

[322] Tilly, S. 142.

b) Die Kursfeststellung als schlichtverwaltende Tätigkeit

Die Qualität eines Verwaltungsaktes weist die Feststellung eines Börsenkurses hingegen nicht auf[323]. Der Preis „reguliert“ zwar die Beziehungen der Beteiligten am Börsenhandel, und hier insbesondere diejenigen zwischen Kommissionären und Kommittenten[324], er ist jedoch nicht auf eine Regelung von Rechten und/oder Pflichten gerichtet[325].

aa) Ein amtlicher Kurs repräsentiert keine verbindliche Preisregelung für den Fall des Selbsteintrittes durch einen Kommissionär (§ 400 Abs. 1 HGB), da er mit dem Preis des konkret abgeschlossenen Geschäftes nicht übereinstimmen muß[326]. Die Preisberechnungsvorschriften stehen durchaus zur Disposition der Parteien[327]. Die einschlägigen Bestimmungen der §§ 400 Abs. 5, 401, 402 HGB legen überdies schon ihrem Wortlaut nach lediglich eine Preisgrenze fest[328].

Der amtliche Kurs läßt sich im wesentlichen als neutrale Kontrollinstanz zwischen Kommittent und Kommissionär betrachten[329], der keine strenge Verbindlichkeit zukommt. Bezieht man die Überlegung ein, daß er als Abbild der Marktlage zu einem bestimmten Zeitpunkt fungiert, so deutet alles darauf hin, daß es sich bei der Kursfeststellung um eine Art Gutachtertätigkeit handelt. Eine solche Tätigkeit wird aber nach wohl allgemeiner Meinung nicht durch Erlaß eines Verwaltungsaktes ausgeübt[330].

bb) Auch eine verbindliche Beweisregelungsfunktion kommt dem amtlichen Börsenkurs nicht zu[331]. Es besteht zwar eine Vermutung für die Richtigkeit eines Börsenpreises, diese Vermutung ist jedoch jederzeit widerlegbar[332].

---

323 A. A. Kümpel (WM 1985, Beilage 5, 12 sowie WM 1988, 1625 f.), der von einem (privatrechtsgestaltenden) beurkundenden Verwaltungsakt spricht. Anderes gilt hinsichtlich der Entscheidung, ob ein Kurs festgestellt wird und welche Geschäfte Berücksichtigung finden (s. S. 93 f.).

324 S. Tilly, S. 136.

325 A. A. Schwark (§ 29 Fn. 58), der „im Hinblick auf die Außenwirkung der Kursfeststellung“ davon ausgeht, daß der Regelungscharakter nicht zu leugnen sei. Er gelangt allerdings mit der Erwägung, dem festgesetzten Börsenpreis gehe zum einen keine privatrechtsgestaltende Entscheidung voraus und außerdem blieben die zur Preisermittlung führenden Ermittlungen intern, zu demselben Ergebnis (Schwark, § 29 Rdnr. 25).

326 Tilly, S. 152 f.

327 Tilly, S. 153 m. w. N. Fn. 155.

328 Diese Grenze ist nach einem Selbsteintritt ebenfalls nicht unabänderlich (s. Tilly, S. 153).

329 S. Tilly, S. 149.

330 S. Kopp, Anh. zu § 42, Rdnr. 32.

331 Tilly, S. 155; a. A. wohl Kümpel, WM 1985, Beilage 5, 12.

332 S. Tilly, S. 155; grundlegend RGZ 12, 7 ff. Diese Rechtslage ergab sich zunächst aus Art. 353 ADHGB, einer Bestimmung, die sich im geltenden Gesetz nicht mehr findet.

Zur Begründung läßt sich entweder vorbringen, daß ein anderer Kurs als richtiger Marktpreis anzusehen sei[333] oder daß ein richtiger Preis wegen der Geringfügigkeit des zugrundeliegenden Umsatzes nicht existiere[334]. Des weiteren weist auch die Niederlegung des festgesetzten Preises im amtlichen Kursprotokoll[335] nicht die Qualität eines Verwaltungsaktes auf. Dieser Vorgang stellt keine potentiell bestandskräftige Regelung dar[336].

c) Der Kursmakler als Beliehener

Der teilweise vertretenen Ansicht, Kursmakler seien als Beamte anzusehen[337], stehen mehrere gravierende Bedenken entgegen.

Bereits im Rahmen der Beratungen der Börsenenquetekommission zum Erlaß des Börsengesetzes wurden Überlegungen dahingehend angestellt, ob man Makler als Beamte anstellen und ihnen ein festes Gehalt zahlen sollte. Eine derartige Konzeption wurde schließlich verworfen. Ausschlaggebend für diese Entscheidung waren im wesentlichen Kostengründe sowie die Befürchtung, die Garantie eines festen Gehaltes könne eine „Verknöcherung" des Maklerwesens bewirken[338].

Die einschlägigen Vorschriften bringen den Kursmakler zwar in enge Beziehungen zum Staat, lassen sich andererseits aber kaum mit der Annahme vereinbaren, ihm komme der Status eines Beamten zu. Die Normierung von Beamtenrecht findet sich nämlich ausschließlich in den Beamtengesetzen[339], die auf den Makler nicht anwendbar sind.

Der Eid, den ein Kursmakler zu leisten hat, beinhaltet überdies ausschließlich das Versprechen, die übertragenen Funktionen getreulich zu erfüllen[340]. Damit weicht sein Wortlaut stark von dem des Beamteneides ab, der den Willen bekundet, aktiv für die freiheitlich-demokratische Grundordnung einzutreten[341]. Im Verhältnis zum Staat soll mithin nicht die gesamte Persön-

---

Dennoch geht man weiterhin von einer Zulässigkeit des Gegenbeweises aus (s. Tilly, S. 154 m. w. N. Fn. 163).

[333] Etwa im Falle des Verstoßes gegen § 29 Abs. 3 BörsG [s. Tilly, S. 154 Fn. 163; a. A. Bremer (GdB, S. 80), demzufolge zur Sicherheit des Börsenverkehres nur bestimmte Tatsachen zu berücksichtigen sind].

[334] RGZ 12, 9.

[335] S. S. 96.

[336] Im einzelnen s. Tilly, S. 155 f.

[337] Cosack, S. 176; Kriebel, S. 34, Fn. 115; Staudinger-Reuter, vor §§ 652/653 Rdnr. 22.

[338] S. Tilly, S. 119.

[339] Wolff/Bachof, § 114 I b.

[340] S. z. B. § 4 Abs. 1 MaklerO Düsseldorf.

[341] Z. B. § 58 BBG, § 61 LBG NW.

lichkeit des Maklers erfaßt werden[342]. Damit fehlt es an einem unabdingbaren Merkmal der Beamtenstellung.

Kursmakler sind ferner weder in der Weise in die Staatsorganisation eingebunden, daß sie den Weisungen Dienstvorgesetzter unterstünden[343], noch beziehen sie für ihre Tätigkeit ein den vermögensrechtlichen Ansprüchen von Beamten vergleichbares Diensteinkommen; sie sind auf die Erzielung von Provisionen vielmehr ebenso angewiesen wie nicht vereidigte Makler[344].

Kursmakler können nach alledem nicht als Beamte im staatsrechtlichen Sinne angesehen werden. Der Umstand, daß sie eine Aufgabe der öffentlichen Verwaltung im eigenen Namen wahrnehmen, der Staat sich also ihrer Erfahrung und unbürokratischen Arbeitstechniken bedient, kann nur bedeuten, daß der amtliche Makler als Beliehener anzusehen ist. Vor diesem Hintergrund hat man den Bestellungsakt als administrative Delegation der staatlichen Funktion der Kursfeststellung zu begreifen[345].

Nach ihrer Konzeption bedeutet eine Beleihung zwar grundsätzlich die Ausstattung mit öffentlicher Gewalt, primär also die Übertragung von Anordnungs- und Zwangsbefugnissen. Im weiteren Sinne läßt sich jedoch auch die Überantwortung einer schlichtverwaltenden Funktion unter diesen Begriff fassen[346]. Unerheblich bleibt in diesem Zusammenhang, ob der Beliehene sich auf die Wahrnehmung der staatlichen Aufgabe beschränkt oder ob er sie anläßlich einer anderen — und zwar auch privatrechtlichen — Tätigkeit erfüllt[347].

6. Das Verfahren der Kursfeststellung

a) Die wirkliche Geschäftslage an der Börse als Grundlage der Kursfeststellung

aa) Allgemeines

Trotz der besonderen Bedeutung, die einem amtlichen Börsenpreis zukommt[348], nimmt das Börsengesetz nur in knappen Worten Bezug auf die Art und Weise der Kursfeststellung. Gemäß § 29 Abs. 3 BörsG ist als Börsenkurs

342 Matthes, S. 40.

343 Matthes, S. 40.

344 Nedon, S. 17; s. a. S. 63 ff.

345 S. a. Huber, S. 537.

346 Steiner, JuS 1969, 71; Huber, S. 539.

347 Badura, S. 253, Fn. 65.

348 S. S. 71 f.

derjenige Preis festzusetzen, welcher der wirklichen Geschäftslage des Verkehrs an der Börse entspricht[349].

Da die „wirkliche" Geschäftslage im einzelnen nicht exakt zu ermitteln ist, wird diesbezüglich im Grunde lediglich eine Direktive ausgesprochen; im wesentlichen kann es nur darum gehen, die gegensätzlichen Interessen der Beteiligten zu einem bestimmten Zeitpunkt gleichmäßig zu berücksichtigen. Dem Gesetzeswortlaut ist immerhin zu entnehmen, daß einzelne an der Börse bezahlte Preise oder deren Durchschnitt nicht ohne Überprüfung der Gesamtlage des Geschäftsverkehres als amtliche Kurse notiert werden dürfen[350]. Ferner darf eine Kursfestsetzung nicht ohne jeglichen zugrundeliegenden Umsatz erfolgen[351]. In einer solchen Situation kann der Kursmakler lediglich einen Preis schätzen oder aber gespannte Kurse stellen. Steht einer Nachfrage kein Angebot gegenüber, so wird eine Geldnotiz festgesetzt, bei ausschließlichem Angebot eine Briefnotiz[352].

Auf der Grundlage des § 29 Abs. 3 BörsG haben sich gleichwohl derart detaillierte und in der Praxis bewährte Verfahrensregelungen entwickelt, daß auch die (nicht-amtliche) Preisfeststellung des im Jahre 1987 eingeführten Geregelten Marktes im wesentlichen am materiellen Gehalt dieser Vorschrift ausgerichtet wurde[353].

Soweit sich in den Börsenordnungen einschlägige Bestimmungen nicht finden, entscheidet regelmäßig der Börsenvorstand über die Einzelheiten der Kursnotierung[354].

bb) Der Umfang der zu berücksichtigenden Geschäfte

Welche Geschäfte bei der Festsetzung amtlicher Kurse einbezogen werden, richtet sich zunächst nach § 31 S. 1 BörsG. Ist ein Abschluß durch Vermitt-

---

[349] Die Wendung „an der Börse" charakterisiert in diesem Zusammenhang den Markttypus. Der amtliche Handel hat sich an einer Präsenzbörse zu vollziehen (vgl. VG Frankfurt, WM 1988, 1335).

[350] Wiedenfeld, S. 22 f.

[351] Tilly, S. 64.

[352] Nach den an der Berliner, Düsseldorfer sowie Münchener Börse geltenden Usancen können bei Geld- oder Briefnotizen auch kleine Umsätze vorgekommen sein. Reine Geld- bzw. Briefkurse stellen keine Börsenpreise im Sinne des Börsengesetzes dar. Auf ihrer Grundlage ist insbesondere ein Selbsteintritt des Kommissionärs nach § 400 Abs. 1 HGB unzulässig (s. Tilly, S. 64).

[353] Begr. zu § 75 Abs. 1 RegE BörsZulG (BT-DrS 10/4296, S. 17).

[354] S. etwa §§ 25 Abs. 3 BörsO Düsseldorf, 25 Abs. 3 BörsO Frankfurt. Zum Zeitpunkt der Kursfeststellung s. z. B. §§ 26 BörsO Düsseldorf und Frankfurt. Zur Preisfeststellung in Sondersituationen s. z. B. §§ 28 BörsO Düsseldorf, 29 BörsO Frankfurt.

lung eines Kursmaklers zustande gekommen, dann besteht ein Anspruch auf Berücksichtigung. Darüber hinaus können der Börsenvorstand[355] oder die Kursmaklerkammer[356] berechtigt sein, auch die Notierung anderer Geschäfte zu verlangen[357], sofern sie an der Börse getätigt werden[358]. Diese Möglichkeit besteht jedoch ausschließlich im Hinblick auf die Preisregistrierung im variablen Handel, da bei der Kursformulierung definitionsgemäß nur solche Orders Eingang finden, die dem zuständigen Kursmakler erteilt sind[359].

Eine Pflicht des Kursmaklers, Nachforschungen wegen der nicht von ihm vermittelten Geschäfte anzustellen, besteht nicht, es sei denn, es ergeben sich gewichtige Anhaltspunkte, daß sich die Marktsituation völlig anders gestaltet als die dem Makler erteilten Aufträge vermuten lassen[360].

Abschlüsse, denen die geltenden Geschäftsbedingungen nicht zugrunde liegen, sowie Scheingeschäfte zum Zwecke der Kursbeeinflussung sind von der amtlichen Notiz auszuschließen[361]. Orders, denen unrealistische Preisvorstellungen zugrunde liegen[362], müssen dagegen wegen der gesetzlichen Vermittlungspflicht[363] grundsätzlich notiert werden, solange sich der Kursmakler dadurch nicht an Geschäften beteiligt, die ersichtlich gegen gesetzliche Vorschriften verstoßen, wie etwa Betrugshandlungen zum Schaden Dritter[364].

---

[355] Z. B. § 24 Abs. 2 S. 2 BörsO München; s. a. § 31 S. 2 BörsG.

[356] Z. B. § 27 Abs. 2 BörsO Frankfurt.

[357] § 35 Abs. 1 Nr. 1 i. V. m. § 31 BörsG; von dieser Kompetenz wurde, soweit ersichtlich, kein Gebrauch gemacht. Die Berücksichtigung sämtlicher Börsenumsätze mag zwar im Interesse einer marktgerechten Preisfeststellung und umfassenden Information des Publikums sein, führt aber auch zu einer Vergrößerung der Spanne zwischen niedrigster und höchster Notiz und damit der gesteigerten Gefahr eines Kursschnittes (Tilly, S. 176 f.). Schwark (Gutachten I, S. 78) schlägt vor, de lege ferenda Sorge zu tragen, daß der Kursmakler von sämtlichen Börsengeschäften in den von ihm betreuten Wertpapieren zumindest Kenntnis erhält (ablehnend Kümpel, WM 1988, 1624). Hinsichtlich der Bestrebungen, dem amtlichen Makler ein Vermittlungsmonopol einzuräumen, s. Schwark, Gutachten I, S. 77 ff.

[358] Matthes, S. 96; Schwark, § 29 Rdnr. 9.

[359] Tilly, S. 176.

[360] Schwark, § 29 Rdnr. 9.

[361] Schwark, § 29 Rdnr. 10, § 31 Rdnr. 4; CV-Trumpler, § 31 Anm. 3. Die Absicht der Kursmanipulation wird naturgemäß nur schwer erkennbar sein. Zur Strafbarkeit dieses Verhaltens s. § 88 BörsG.

[362] Z. B. überzogene Verkaufspreise, die darauf abzielen, Käufer zu höheren als den marktgerechten Kursen zu finden (s. Schmidt, S. 43, Fn. 2).

[363] S. S. 46 f.

[364] Schwark, § 29 Rdnr. 10.

cc) Besonderheiten bei der Ermittlung gerechneter Kurse

Besondere Vorgaben sind bei der Ermittlung gerechneter Kurse zu beachten[365].

Die Funktion eines amtlichen Preises als Spiegel der Marktsituation verlangt eine Festsetzung in der Weise, daß auf der Grundlage eines gerechneten Kurses der größtmögliche Umsatz abgewickelt werden kann[366] und sich außerdem sämtliche unlimitierten Aufträge sowie alle über dem Kurs limitierten Kaufaufträge bzw. unter dem Kurs limitierten Verkaufsaufträge ausführen lassen[367]. Inwieweit die exakt zum festgesetzten Kurs limitierten Orders ausgeführt werden konnten, läßt sich bestimmten Kurszusätzen entnehmen[367]:

b oder Kurs ohne Zusatz = bezahlt, d. h. alle Aufträge sind ausgeführt;

bG, bzG, bezG = bezahlt und Geld, d. h. die zum festgestellten Kurs limierten Kaufaufträge sind nur zum Teil ausgeführt, es bestand weitere Nachfrage;

bB, bzB, bezB = bezahlt und Brief, d. h. die zum festgestellten Kurs limitierten Verkaufsaufträge sind nur zum Teil ausgeführt, es bestand weiteres Angebot;

ebG, ebB = etwas bezahlt Geld/Brief, d. h. die zum festgestellten Kurs limitierten Orders konnten nur zum geringen Teil ausgeführt werden, es bestand weitere Nachfrage/weiteres Angebot.

Entsprechen mehrere Preise den Anforderungen, die an einen gerechneten Kurs zu stellen sind[368], so sollte derjenige Preis notiert werden, der dem Vortageskurs am nächsten kommt[369] oder der vorherrschenden Gesamttendenz entspricht.

Werden dem Kursmakler nur unlimitierte Kauf- und Verkaufsorders erteilt, dann versagt das Meistausführungsgebot völlig, da der erzielbare Umsatz bei jedem denkbaren Kurs gleich hoch ausfällt. Der Makler kann sich dadurch behelfen, daß er entweder auf den Vortageskurs zurückgreift oder eine Angleichung an die Preise der übrigen Börsenplätze bzw. an die allgemeine Börsentendenz vornimmt[370]. Weichen in einer solchen Situation zusätzlich die Volumina von Kauf- und Verkaufsaufträgen voneinander ab,

---

[365] Einzelheiten s. auch bei Tilly, S. 54 ff.

[366] Vgl. Tilly, S. 56.

[367] S. z . B. § 30 I. BörsO Frankfurt; § 29 I. BörsO Düsseldorf. Ein Kursmakler wird darüber hinaus bestrebt sein, einen völligen Marktausgleich dadurch herbeizuführen, daß er den entsprechenden Überhang auf eigene Rechnung übernimmt (Einzelheiten zur Eigengeschäftstätigkeit s. S. 97 ff.).

[368] S. Sommerfeld, ZHH 1926, 276 f.

[369] Tilly, S. 64.

[370] Tilly, S. 63 f.

dann läßt sich überdies dem Erfordernis, daß zum festgesetzten Preis sämtliche unlimitierten Orders ausgeführt werden müssen, nicht Rechnung tragen. Der Makler wird in diesem Falle entweder den Überhang auf eigene Rechnung übernehmen oder den Kurs streichen[371].

Besondere Schwierigkeiten treten auf, wenn die Summe der Verkaufsaufträge bei jedem Limit die gesamten Kauforders übersteigt bzw. umgekehrt die Summe der Verkaufsaufträge diejenige der Kaufaufträge bei keinem Limit erreicht[372]. Eine Ausführung der Aufträge kann dann nur durch beschränkte Zuteilung bzw. Abnahme erfolgen. Der Kursmakler hat die Marktteilnehmer auf diese Situation besonders hinzuweisen, indem er eine Kurstaxe und die voraussichtliche Zuteilungs-bzw. Abnahmequote bekanntgibt[373]. Die Festsetzung des Kurses sowie der Repartierungs- bzw. Rationierungsquote bedürfen der Zustimmung des aufsichtsführenden Mitgliedes des Börsenvorstandes[374] oder seines Vertreters[375].

Der Lage des Geschäftsverkehres kann es auch entsprechen, wenn im Vergleich zu den letztnotierten Kursen starke Abweichungen zu erwarten sind. Solche Veränderungen hat der Kursmakler den Börsenbesuchern an der Maklertafel anzuzeigen. Zu diesem Zwecke macht der Makler die sogenannten Plus- und Minus-Ankündigungen, die seine Erwartung zum Ausdruck bringen, der folgende Kurs werde vom vorangegangenen um eine bestimmte prozentuale Spanne abweichen[376]. Die Mitteilung verhindert Zufälligkeiten der Kursbildung und wirkt marktstabilisierend[377]. Die Handelsteilnehmer werden in die Lage versetzt, bei gleichem Wissensstand den neuen Bedingungen entsprechend zu disponieren[378]. Nach Ankündigung der Kursveränderungen darf der Makler die Preisfestsetzung erst nach angemessener Frist und nur im Einvernehmen mit dem Kurskommissar oder dessen Vertreter vornehmen[379].

b) Der Ausschluß der Öffentlichkeit bei der Kursfeststellung

Während der Vorgang des „Kursmachens", bei dem die Grundlage für die Kursnotiz geschaffen wird[380], in aller Öffentlichkeit stattfindet, um eine

[371] Sommerfeld, ZHH 1926, 277; Zahn, ZGR 1981, 114.

[372] S. Tilly, S. 65.

[373] § 9 Abs. 1 GeschBed.

[374] Diese Person wird auch als Kurskommissar bezeichnet (s. Tilly, S. 66).

[375] § 9 Abs. 2 GeschBed.

[376] Zu den Einzelheiten s. § 8 Abs. 1 bis 3 GeschBed.

[377] Dalwigk, S. 28.

[378] Tilly, S. 68.

[379] S. § 8 Abs. 4 GeschBed.

[380] Einzelheiten s. etwa bei Kümpel, WM 1988, 1624. Auch die Feststellung vorläufiger Preise (Kurstaxen) ist zu dem Vorgang des Kursmachens zu rechnen.

Transparenz der Preisbildung herzustellen[381] und einen möglichst stetigen Kursverlauf ohne gravierende Kursschwankungen zu gewährleisten, soll die Kursfestsetzung selbst keinem äußeren Einfluß unterliegen. Dem Börsenbesucher muß der Einblick in die Auftragsbestände der Makler verwehrt sein, um es ihm unmöglich zu machen, Dispositionen in Kenntnis dieser Lage vorzunehmen. Bei der Feststellung von Kursen darf daher außer dem Staatskommissar, dem Börsenvorstand, den Kursmaklern, den Börsengeschäftsführern und den Vertretern der beteiligten Berufszweige, deren Mitwirkung die Börsenordnung vorsieht, niemand zugegen sein (§ 29 Abs. 2 BörsG).

Nach § 35 Abs. 1 Nr. 1 BörsG läßt sich diese Vorschrift zwar abändern, so daß prinzipiell auch eine Öffentlichkeit hergestellt werden könnte[382]. In der Praxis sind bei der Feststellung neben den Kursmaklern regelmäßig jedoch nur die aufsichtsführenden Mitglieder des Börsenvorstandes anwesend.

7. Der Anspruch auf Kursfeststellung

a) Die Existenz des Anspruches

Die Frage, ob ein durchsetzbarer Anspruch auf Entfaltung einer kursfeststellenden Tätigkeit besteht, ist gesetzlich nicht geregelt, muß jedoch bejaht werden[383].

aa) § 31 S. 1 BörsG gebietet zwar lediglich, solche Geschäfte bei der Kursfeststellung zu berücksichtigen, die durch Vermittlung eines Kursmaklers abgeschlossen wurden, setzt also die Entfaltung einer Vermittlungstätigkeit voraus. Dieser Anspruch würde ohne korrespondierendes Recht auf Entfaltung einer kursfeststellenden Tätigkeit in praxi allerdings entwertet. Hat ein Kursmakler lediglich ein einziges Geschäft zu vermitteln, so kann das Recht aus § 31 S. 1 BörsG nämlich nur verwirklicht werden, wenn es gleichzeitig einen Anspruch auf Preisfestsetzung beinhaltet[384].

Der in diesem Zusammenhang vertretenen Ansicht, § 31 S. 1 BörsG gewähre seinerseits keinen Anspruch, sondern stelle lediglich einen Rechtsreflex dar[385], steht nicht nur der klare Wortlaut des Gesetzes entgegen. Die durch § 31 S. 1 BörsG intendierte Umsatzkonzentration beim zuständigen Kursmakler würde kaum eintreten, könnten sich die Börsenbesucher nicht

---

[381] Pfleger/Gschwindt III, S. 185, Fn. 1.

[382] Bernstein, S. 100.

[383] Die Existenz eines Anspruches nehmen an: Huber, S. 639; Bremer, GdB, S. 81; a. A. Göppert, S. 142, 195, 207; Schwark, § 29 Rdnr. 25; Tilly, S. 138.

[384] Olenhusen, S. 38; daher ist auch die Ansicht abzulehnen, es bestünde grundsätzlich kein Zwang, an der Börse Kurse zu notieren (so aber Nußbaum, § 29 Anm. II a).

[385] Göppert, S. 162, 208.

darauf verlassen, daß die von ihm vermittelten Geschäfte in einen amtlichen Kurs Eingang fänden[386].

bb) Eine Verpflichtung des Maklers, die Ermittlung von Kursen für die von ihm betreuten Wertpapiere pünktlich zu besorgen[387], resultiert außerdem indirekt aus der bestehenden Betriebspflicht[388], die eine Handlungspflicht zur Wahrung von Einzelinteressen bestimmter Personenkreise darstellt[389].

α) Ein unabweisbares Bedürfnis nach einer Kursnotiz ergibt sich zunächst für die Kommissionäre unter den Börsenbesuchern.

Durch die Feststellung eines amtlichen Preises wird zum einen die Anwendbarkeit der Vorschriften über den Selbsteintritt (§ 400 ff. HGB) eröffnet und außerdem die Grundlage zur Ausführung der durch die Kommittenten erteilten Orders geschaffen. Aktualisiert werden die Rechtsbeziehungen im Kommissionsverhältnis durch die Allgemeinen Geschäftsbedingungen des Kreditgewerbes: Regelmäßig findet sich die Bestimmung, daß alle Aufträge zum Kauf oder Verkauf von Wertpapieren, die an der Börse zum amtlichen Handel zugelassen sind, in Selbsteintrittskommission ausgeführt werden[390].

Soweit eine Order den Handel in amtlich notierten Aktien betrifft, haben die Kreditinstitute allerdings zugunsten eines freiwilligen Börsenzwanges im großen Umfange auf ihr Selbsteintrittsrecht verzichtet. Ein solcher Auftrag wird grundsätzlich über die Börse geleitet, sofern eine ausdrückliche andere Weisung des Kunden nicht besteht[391], regelmäßig also nur dann ausgeführt, wenn ein Börsenkurs vorliegt[392]. Auch in den Fällen, in denen der genannte Börsenzwang nicht existiert[393], ist ein Kommissionär auf die Feststellung von Börsenkursen angewiesen. Nur diese Feststellung versetzt ihn in die Lage, eine Abrechnung nach § 400 HGB zu erstellen und auf diese Weise seiner Rechenschaftspflicht hinreichend nachzukommen[394].

---

386 Schwark, § 31 Rdnr. 2.

387 S. z. B. auch § 10 MaklerO Düsseldorf.

388 S. bereits S. 50.

389 Auch die Bestimmung, in der Börsenordnung seien Vorschriften über die Veröffentlichung von Börsenkursen zu treffen (§ 4 Abs. 2 S. 2 Nr. 3 BörsG), setzt zwingend voraus, daß eine Kursfeststellung tatsächlich stattfindet.

390 S. Nr. 29 Abs. 1 Geschäftsbedingungen — (Privat-)Banken —; Nr. 29 Abs. 1 Geschäftsbedingungen — Genossenschaftsbanken —; Nr. 40 a Abs. 1 Geschäftsbedingungen — Sparkassen — (abgedruckt bei Werhahn/Schebesta unter 1., 2. und 3.).

391 S. etwa § 29 Abs. 1 S. 2 AGB — Banken —.

392 Werhahn/Schebesta, Rdnr. 454.

393 Die AGB der Kreditinstitute sind nicht anwendbar, soweit der Umsatz festverzinslicher Wertpapiere in Rede steht oder ein Kundenauftrag ausdrücklich die Weisung beinhaltet, ein Börsengeschäft nicht abzuschließen (Werhahn/Schebesta, Rdnr. 455).

394 Werhahn/Schebesta, Rdnr. 455.

Ein rechtliches Interesse des Börsenbesuchers an der Kursfestsetzung leitet sich daneben aus seiner börsenrechtlichen Stellung ab. Indem er dem amtlichen Makler Aufträge erteilt, ist er an der Vorbereitung dieses Vorganges beteiligt, nimmt also eine verfahrensmäßige Mitwirkungsposition[395] ein, die nicht grundlos ausgehöhlt werden darf[396]. Unterstützung erfährt diese Erwägung durch den Umstand, daß eine kurssuspendierende Maßnahme (als actus contrarius einer Notierung) den Handel — jedenfalls aber das Kommissionsgeschäft — zum Erliegen bringen soll[397], in der Konsequenz demnach die Börsenzusammenkünfte und damit die durch Zulassung (§ 7 BörsG) erworbenen Rechte des Börsenbesuchers beschränkt[398].

β) Neben dem Börsenbesucher kann auch der Wertpapieremittent bzw. dasjenige Kreditinstitut, das die Emission an die Börse geleitet[399], ein besonderes Interesse an der Notierung von Kursen geltend machen. Der Antrag auf Zulassung eines Wertpapieres zum amtlichen Börsenhandel verfolgt in erster Linie den Zweck, das Papier handelsfähig zu machen und regelmäßig amtliche Preise zu erhalten. Ein funktionierender Markt erleichtert nicht nur den Absatz des betreffenden Papieres, sondern liefert gleichzeitig wertvolle Indizien zur Beurteilung der Konditionen, zu denen der Emittent künftig Mittel am Kapitalmarkt beschaffen kann. Börsenkurse beeinflussen mithin in gewissem Maße Finanzierungsentscheidungen eines Wertpapierausstellers und vermögen auch sonst wichtige Hinweise für seine Geschäftspolitik zu geben[400].

Die Zulassung eines Wertpapieres zum amtlichen Handel ohne gleichzeitige Gewährung eines durchsetzbaren Anspruches auf Kursfeststellung würde dieser Interessenlage widersprechen und die Aufnahme oder Aufrechterhaltung einer Kursnotiz ungerechtfertigterweise in das Belieben des zuständigen Organes stellen.

γ) Die amtliche Kursfeststellung bzw. ihre Unterlassung berührt ferner die Belange der Anleger, dient sie doch vorrangig der Verhütung einer Übervorteilung dieses Personenkreises[401].

Diese Wirkung kommt jedoch nur mittelbar zustande[402] und erzeugt keinen Anspruch. Die Investoren treten an der Börse nicht auf, so daß eine Rechtsbeziehung zu den Börsenorganen nicht besteht[403].

---

[395] Olenhusen, S. 39.

[396] Nach der entgegenstehenden Ansicht von Schwark (§ 29 Rdnr. 25) bleiben die zur Kursfeststellung führenden Ermittlungen dagegen intern, wirken also nicht nach außen. Gleiches soll gelten, wenn kein Kurs festgestellt wird.

[397] Olenhusen, S. 39 m. w. N.; s. a. S. 91 ff.

[398] Göppert, S. 78.

[399] S. § 36 Abs. 2 BörsG.

[400] Olenhusen, S. 47; Gericke, S. 91 f.; s. a. Huber, S. 640.

[401] Gericke, S. 90.

[402] Olenhusen, S. 31.

cc) Daß die Interessen der Börsenbesucher und Wertpapieremittenten zu einem Rechtsanspruch erstarkt sind, wird teilweise mit der Behauptung bestritten, § 31 S. 1 BörsG habe abschließenden Charakter; der durch diese Vorschrift statuierte Anspruch beziehe sich ausdrücklich auf das Verlangen nach Berücksichtigung bestimmter Geschäfte bei der Kursfeststellung, ein Recht auf die Festsetzung eines Kurses selbst sei demnach ausgeschlossen[404].

Die Prämisse, die dieser Ansicht zugrunde liegt, erscheint allerdings wenig zwingend, wie ein Blick auf das Benutzungsrecht der Börsen zeigt. Einerseits zählt die amtliche Kursfeststellung zu den Börseneinrichtungen, deren Benutzung einem Börsenbesucher nach erfolgter Zulassung gemäß § 7 Abs. 2 BörsG nicht verwehrt werden darf[405]; überdies entrichten Börsenbesucher wie Emittenten Zulassungsgebühren (s. § 5 Abs. 1 Nr. 1 und 3 BörsG) und erwerben auf diese Weise gewissermaßen einen Anspruch auf die Dienstleistung „Kursfeststellung"[406].

b) Einschränkungen des Anspruches

Der Umfang des Anspruches auf Kursfeststellung ist in verschiedener Hinsicht beschränkt.

aa) Amtliche Kurse werden grundsätzlich nur an den Börsentagen zu den offiziellen Sitzungszeiten notiert. Die Einzelheiten unterliegen der Regelungsgewalt des Börsenvorstandes[407].

Die Sitzungen finden derzeit an sämtlichen Tagen von Montag bis Freitag statt, Feiertage ausgenommen[408].

bb) Da ein amtlicher Preis der Geschäftslage des Verkehres an der Börse entsprechen muß (§ 29 Abs. 3 BörsG)[409], haben die zuständigen Börsenor-

---

403 Das Bestehen eines Anspruches läßt sich in dieser Hinsicht auch dann nicht begründen, wenn man der Zulassung eines Wertpapieres zum amtlichen Handel eine gewisse Drittwirkung zuerkennt. Die Zulassung dient zwar unter anderem dem Zweck, dem Anleger einen liquiden Markt für den Handel des betreffenden Wertpapieres zu eröffnen. Es wird allerdings lediglich die abstrakte Möglichkeit geschaffen, ein bestimmtes Investment einzugehen bzw. wieder aufzulösen.

404 Schwark (§ 29 Rdnr. 25) meint daher, dem Börsenbesucher stehe ausschließlich die allgemeine Aufsichtsbeschwerde zur Verfügung.

405 Göppert, S. 141 f.

406 Olenhusen, S. 43 ff., 52. Daher läßt sich die Existenz eines Anspruches auf Kursfeststellung nicht mit der lapidaren Bemerkung leugnen, die Notiz von Wertpapieren, die zum amtlichen Handel zugelassen sind, verstehe sich von selbst (so aber Schwark, § 29 Rdnr. 7).

407 So ausdrücklich § 21 BörsO Hannover.

408 Bremer, GdB, S. 84; um die Jahrhundertwende etwa fanden Börsensitzungen auch an Samstagen statt.

409 S. S. 83 f.

gane in bestimmten Ausnahmesituationen die Notierungen zu suspendieren, also von einer Kursfeststellung Abstand zu nehmen. In diesen Fällen ist der in Rede stehende Anspruch naturgemäß ausgeschlossen[410].

Die Streichung[411] oder Aussetzung eines Kurses[412] sind insbesondere angezeigt[413], wenn

— durch zufälligen Angebots- oder Nachfragedruck ohne sachliche Veranlassung erhebliche Veränderungen des Kurses drohen[414];
— wichtige Ereignisse, die während der Börsenzeit bekannt werden, bei Erteilung der Orders aber noch nicht berücksichtigt werden konnten, eine Neubewertung des betreffenden Wertpapieres unumgänglich machen und die Gefahr besteht, daß nicht alle Anleger gleichmäßig über diese Umstände unterrichtet sind[414];
— unlimitierte Orders auf unangemessene Gegengebote treffen[414];
— ausschließlich Aufträge vorliegen, deren Limits nicht der Marktlage entsprechen[415].

Vor Streichung eines Kurses muß der amtliche Makler — im Gegensatz zur Aussetzung — zumindest eine Orderaufnahme durchgeführt und die Preisfeststellung versucht haben.

Neben die bereits genannten Maßnahmen zur Unterbindung einer Preisnotierung tritt die Möglichkeit der Einstellung (Aufhebung) einer Notiz, die ohne zeitliche Begrenzung ausgesprochen wird[416]. Sie erfolgt im Interesse des Anlegerschutzes, wenn ein ordnungsgemäßer Handel nicht mehr gewährleistet erscheint[417].

Über die Streichung einer Notiz hat die kursfestsetzende Instanz[418] zu befinden, also entweder Börsenvorstand oder Kursmakler[419]. Die Kompe-

---

410 Zur Wirkung derartiger Maßnahmen vgl. HB v. 1./2.7.88; Zwätz, HB v. 22./23.4.88.

411 Unter Streichung wird hier die kurzzeitige Abstandnahme von einer Kursfeststellung (für einen oder zwei Tage) verstanden (s. Schwark, § 29 Rdnr. 12).

412 § 43 Abs. 1 Nr. 1 BörsG. Unter Aussetzung wird hier das Absehen von einer Kursfeststellung auf etwas längere Dauer verstanden (s. Schwark, § 29 Rdnr. 12).

413 S. a. § 28 Abs. 1 bis 3 GeschBed.

414 Schwark, § 29 Rdnr. 12; Schwark, WM 1971, 1260 m. w. N. Fn. 22.

415 Zahn, ZGR 1981, 114.

416 Schwark, § 29 Rdnr. 12.

417 § 43 Abs. 1 Nr. 2 BörsG; Beispielsfälle bilden etwa die Eröffnung des Konkurses über das Vermögen des Wertpapieremittenten oder der Umstand, daß der Handel in einem Wertpapier nur minimale Umsätze aufweist, weil sich der weitaus überwiegende Teil der betreffenden Emission in „festen" Händen befindet.

418 Daß die Streichung dem Bereich der Kursfeststellung selbst zuzuordnen ist und nicht der Frage, ob ein Kurs festgestellt wird, verdeutlicht die üblicherweise verwendete Bezeichnung „Strichnotiz" (s. Keßler, AG 1965, 106).

419 S. S. 76 f.

tenz zur Aussetzung sowie zur Einstellung einer Kursnotierung obliegt hingegen grundsätzlich dem Börsenvorstand (§ 43 Abs. 1 BörsG). Der Kursmakler ist verpflichtet, vor einer Entscheidung den Kurskommissar[420] hinzuzuziehen, da von ihm allein nicht immer eine unparteiische Entscheidung erwartet werden kann[421].

Die Suspendierung einer Kursnotierung darf nicht willkürlich erfolgen, steht andererseits aber im Handlungsermessen des zuständigen Börsenorganes, das seine Entscheidungen aufgrund sachlicher Überlegungen zu treffen hat[422]. Keinesfalls dürfen suspendierende Maßnahmen getroffen werden, um dem Makler die kursfeststellende Tätigkeit zu erleichtern, etwa weil die zugrunde liegenden Aufträge einen relativ großen Arbeitsbedarf bei geringem Provisionseinkommen erwarten lassen. Nach den beschriebenen Maßstäben hat eine kontinuierliche Kursfeststellung stattzufinden, und zwar zur Wahrung der Interessen der Börsenbesucher selbst dann, wenn der Wille des Wertpapieremittenten entgegensteht[432].

Aussetzung und Einstellung einer Kursnotiz weisen den Charakter von Verwaltungsakten auf[424], da eine Suspendierung regelnd auf das Vertragsverhältnis zwischen Kommissionär und Kommittent einwirkt. Die Existenz amtlicher Preise stellt zwar keine notwendige Voraussetzung des Selbsteintrittes gemäß § 400 HGB dar; das entsprechende Recht kann auch davon unabhängig durch privatrechtliche Vereinbarung begründet werden[425]. Aufträge, die über die Börse geleitet werden sollen, bleiben jedoch am Tage der Kurssuspendierung unausgeführt und erlöschen, soweit sie nur für den Tag erteilt sind[426].

Im übrigen liegt auch dem Börsengesetz die Auffassung zugrunde, daß eine Suspendierung der Kursnotiz als Verwaltungsakt aufzufassen ist. Gemäß § 43 Abs. 2 BörsG kommt dem Widerspruch sowie der Anfechtungsklage gegen eine Aussetzung eine aufschiebende Wirkung nicht zu. Diese Rechtsbehelfe sind jedoch grundsätzlich nur statthaft, wenn ein Verwaltungsakt angegriffen werden soll (s. §§ 42 Abs. 1, 68, 69 VwGO). Für die Einstellung einer Notierung darf in diesem Zusammenhang nichts anderes gelten, da sich

---

420 Als Kurskommissar wird das während der Börsensitzung aufsichtsführende Mitglied des Börsenvorstandes bezeichnet.

421 Tilly, S. 172.

422 Schwark, WM 1971, 1261.

423 Zahn, ZGR 1981, 114.

424 Anders Schwark, § 29 Rdnr. 25.

425 Tilly, S. 152.

426 S. § 3 Abs. 2 GeschBed.

diese Maßnahme von der Aussetzung im wesentlich nur hinsichtlich ihrer Dauer unterscheidet[427].

Aus der Regelung des § 43 Abs. 2 BörsG wird man e contrario weiter schließen dürfen, daß die Einlegung eines Rechtsbehelfes gegen die Einstellung einer Notiz durchaus aufschiebende Wirkung entfaltet.

cc) Der Anspruch auf „kursfeststellende Tätigkeit" statuiert kein Recht auf Festsetzung eines bestimmten Kurses, sondern nur auf fehlerfreie Anwendung des § 29 Abs. 3 BörsG[428]. Die Feststellung des konkreten Börsenpreises steht im pflichtgemäßen Ermessen der zuständigen Instanzen[429]. Dieser Entscheidungsspielraum resultiert einerseits aus der Technik der Kursfeststellung[430], zum anderen aus dem Schutzzweck des § 29 Abs. 3 BörsG[431], unter Berücksichtigung dessen es angezeigt sein kann, bestimmte Geschäfte, die der Marktlage nicht entsprechen, bei der Preisfindung unberücksichtigt zu lassen[432].

c) Die Durchsetzung des Anspruches

Der Anspruch auf Entfaltung einer kursfeststellenden Tätigkeit ist wegen seines öffentlich-rechtlichen Charakters[433] vor den Verwaltungsgerichten durchzusetzen[434].

Weigert sich die zuständige Instanz, ihren gesetzlichen Pflichten nachzukommen, so kann Leistungs- bzw. Untätigkeitslage erhoben werden[435]. Das erkennende Gericht hat zu überprüfen, ob die gesetzlichen und börsenautonomen Regelungen eingehalten sind bzw. ob das beanstandete Verhalten Ermessensfehler aufweist[436]. Die Anfechtung eines fehlerhaft festgesetzten Börsenpreises selbst ist nicht möglich[437]. Die bloße Behauptung, der Kursmakler habe aufgrund der Auftragslage einen anderen Kurs errechnen müssen, reicht nicht aus[438].

---

[427] S. S. 92.

[428] Tilly, S. 138.

[429] Göppert, S. 207.

[430] Etwa in dem Falle, daß verschiedene Preise die Bedingungen erfüllen, die an einen ordnungsgemäß gerechneten Kurs gestellt werden (s. Tilly, S. 143; Wiedenfeld, S. 23).

[431] Zum Regelungsgehalt des § 29 Abs. 3 BörsG s. S. 83 ff.

[432] S. Tilly, S. 141, Fn. 89 m. w. N.

[433] S. S. 79 ff.

[434] § 40 VwGO.

[435] So für den Anspruch aus § 31 BörsG auch Schwark, § 31 Rdnr. 2.

[436] Etwa die unterlassene Einbeziehung von Geschäften, die bei der Kursfeststellung zu berücksichtigen waren, oder umgekehrt die Berücksichtigung solcher Abschlüsse, die von der Kursnotiz auszuschließen waren.

[437] Schwark, § 31 Rdnr. 2, § 29 Rdnr. 25.

[438] Bremer, GdB, S. 80.

Anspruchsgegner und damit richtiger Beklagter ist die kursfestsetzende Instanz als Börsenorgan und Behörde im Sinne der §§ 61 Nr. 3, 78 Abs. 1 Nr. 2 VwGO, soweit sich eine entsprechende landesrechtliche Bestimmung findet. Im übrigen ist die Klage in analoger Anwendung des § 78 Abs. 1 Nr. 1 VwGO gegen die Maklerkammer zu richten oder — sofern eine solche nicht besteht — gegen die Börse, vertreten durch den Börsenvorstand[439].

Suspendierende Maßnahmen sind als Verwaltungsakte nach Erhebung eines Widerspruches durch Anfechtungsklage anzugreifen[440].

Bei Verdacht auf Unregelmäßigkeiten steht ferner die allgemeine Aufsichtsbeschwerde zur Verfügung[441].

8. Die Berichtigung von Fehlern bei der Kursfeststellung

Bei der Kursfestsetzung aufgetretene Schreib-, Rechen- und Formfehler lassen sich jederzeit mit Wirkung ex tunc beseitigen[442], die Berichtigung schwerwiegender Fehler — wie die unvollständige Berücksichtigung der vorliegenden Aufträge — erfordert hingegen die Mitwirkung der beteiligten Börsenbesucher. Eine ausdrücklich normierte Beschwerdebefugnis findet sich nicht[443], die Praxis erkennt aber ein Antragsrecht des Börsenbesuchers mit dem Ziel an, die Berichtigung eines Kurses zu erreichen[444]. Die Ablehnung eines Antrages oder das Versäumnis der unter Umständen bestehenden Antragsfrist läßt das Recht unberührt, die Unrichtigkeit eines Börsenpreises im Rahmen eines gerichtlichen Verfahrens zu reklamieren[445].

Da die Kursfeststellung zur Selbstverwaltungstätigkeit der Börsen gehört, vermögen die Aufsichtsbehörden keinen Einfluß zu nehmen. Insbesondere ausgeschlossen sind unmittelbare Weisungen hinsichtlich der Feststellung von Kursen bzw. der Korrektur fehlerhafter Preise[446].

---

439 So für den Anspruch aus § 31 BörsG Schwark, § 31 Rdnr. 2.

440 § 42 Abs. 1 VwGO; s. a. S. 93 f.

441 Schwark, § 29 Rdnr. 25.

442 Schwark, § 29 Rdnr. 26.

443 Detaillierte Regelungen, die jedem Interessenten — also etwa auch einem Kommittenten — ein entsprechendes Recht gewährten, waren dagegen in einigen Börsenordnungen aus der Zeit kurz nach Erlaß des Börsengesetzes niedergelegt (Nachweise s. bei Tilly, S. 154, Fn. 157; Nußbaum, § 29 Anm. VII, Fn. 48).

444 Meyer/Bremer, § 29 Anm. 8.

445 Meyer/Bremer, § 29 Anm. 8.

446 Schwark, § 29 Rdnr. 27. Einzelheiten zum Aufsichtsrecht s. S. 120 ff.

9. Die Veröffentlichung von Kurs- und Umsatzzahlen

a) Der Kursmakler hat die festgesetzten Kurse öffentlich bekanntzugeben, und zwar entweder über Anzeigetafeln, durch Kurszettel, die an Maklertafeln anzubringen sind, oder mündlich[447].

Bei dieser Tätigkeit ist die größte Sorgfalt zu beachten. Die vorwerfbare Verbreitung falscher Angaben setzt den Makler der Gefahr der Disziplinarbestrafung aus[448]. Zu einer ordnungsgemäßen Kursangabe gehört die Prüfung, ob die Kurse durch die Protokollführer richtig notiert werden. Die Kontrolle der Veröffentlichungen im amtlichen Kursblatt zählt dagegen ohne besondere Regelung nicht zum Pflichtenkreis eines Kursmaklers[449].

Soweit eine amtliche Preisnotiz gemäß § 51 Abs. 1 BörsG verboten ist, dürfen auch Preislisten (Kurszettel) nicht veröffentlicht oder in mechanisch hergestellter Vervielfältigung verbreitet werden (§§ 51 Abs. 2, 90 Abs. 3 BörsG). Das Verbot erfaßt nicht die Verbreitung von Geld- und Briefnotizen, da solche Notierungen keine Preise im Rechtssinne darstellen[450].

b) Der Wert einer Veröffentlichung von Umsatzzahlen wird kontrovers beurteilt[451].

Grundsätzlich dient es der Kursklarheit, wenn möglichst sämtliche Umstände sichtbar gemacht werden, die eine Preisgestaltung beeinflußt haben. Andererseits läßt sich aus einer bestimmten Umsatztätigkeit allein keine allgemeingültige Aussage über den Wert eines Kurses ableiten. In diesem Zusammenhang sind weitere Faktoren zu berücksichtigen, die nicht unbedingt augenfällig zu sein brauchen, wie etwa die Marktbreite eines Wertpapieres[451].

Dessen ungeachtet sind die Kursmakler an den meisten Börsenplätzen gehalten, die Umsätze der während der Börsenzeit getätigten Geschäfte zu melden und ihre Bekanntmachung zu gestatten[452].

---

447 Schmidt, S. 117.

448 S. S. 128.

449 Matthes, S. 181 f. An der Börse in Düsseldorf etwa wird eine derartige Kontrolle durchgeführt.

450 RGZ 34, 117 ff., 122.

451 S. Bremer, GdB, S. 92 f.

452 Z. B. §§ 12 Abs. 1 S. 2 MaklerO Düsseldorf, 33 Abs. 1 BörsO Berlin, 35 Abs. 1 BörsO Frankfurt.

IV. Die Eigengeschäftstätigkeit des Kursmaklers

1. Die Problemlage

Ein neuralgischer Punkt im Kursmaklerrecht war von jeher die Regelung seiner Eigengeschäftstätigkeit.

Professionelle Marktteilnehmer vernehmen Änderungssignale am Markt geradezu zwangsläufig und vermögen sie von vorneherein sensitiver zu deuten als Außenstehende. In der Person des Kursmaklers tritt ein immenses Detailwissen hinzu, das aus seiner Funktion als „Sammelstelle" für Aufträge resultiert. Ihm vorliegende Orders lassen beispielsweise häufig künftige Preisentwicklungen erkennen[453]. Zur Ausnutzung dieser Trends könnte ein Makler Parallelgeschäfte abschließen („Mitlaufen")[454] und sich auf diese Weise weitgehend risikolos bereichern. Für den Börsenverkehr bedeutet das Mitlaufen darüber hinaus eine künstliche Verstärkung der vorherrschenden Tendenz. In den Fällen unzureichenden Volumens einer Marktseite bestünde weiter die Gefahr, daß sich der Makler bevorzugt „bedienen" könnte, indem er die ihm zustehende Abschluß- und Zuordnungsbefugnis[455] zu seinen Gunsten ausnutzt oder seine eigenen „Gebote" geringfügig günstiger gestaltet als die ihm bekannten Aufträge der übrigen Marktteilnehmer.

Die Möglichkeit des Selbsteintrittes begründet ferner die Gefahr eines „Kursschnittes". Der Makler könnte auf eigene Rechnung Positionen eingehen, die er seinen Auftraggebern später zu für sie ungünstigeren Kursen andient[456].

Ebenfalls nicht gering einzuschätzen ist die Gefahr, daß der durch einen umfangreichen Eigenhandel finanziell stark engagierte Makler seine eigentliche Funktion — die Vermittlung von Kundenaufträgen und die Notierung amtlicher Kurse — vernachlässigen könnte.

Eine schrankenlose Zulässigkeit der Eigengeschäftstätigkeit stünde im Gegensatz zur amtlichen Autorität des Kursmaklers und könnte Mißtrauen gegenüber seiner Unparteilichkeit bzw. der Börsengeschäftstätigkeit insgesamt wecken[457], und zwar insbesondere unter dem Gesichtspunkt, daß die Interessen des Maklers bei dem Abschluß von Eigengeschäften den Belangen seiner Auftraggeber diametral entgegenstehen. Aus den genannten Gründen

453 Voss, S. 230 f.

454 Schmidt, S. 47 f.

455 S. S. 50 ff., 55 f.

456 Schmidt, S. 45 ff.

457 Schmidt, S. 15. Zu den Gefahren des Eigenhandels sowie Methoden des Mißbrauches s. a. Knipp, FAZ v. 3.6.89.

sollen vereidigte Makler ihren Verdienst prinzipiell nicht in Kursdifferenzen, sondern in Vermittlungsprovisionen suchen[458].

Im gewissen Rahmen ist das Bedürfnis nach einem Eigenhandel des Maklers allerdings unabweisbar.

Die bei ihm auflaufenden Orders werden in den seltensten Fällen vollständig miteinander zu kompensieren sein. Wäre es dem Kursmakler verwehrt, den jeweiligen Überhang oder jedenfalls einen Teil davon zu übernehmen („die Spitzen auszugleichen"), und müßte er seinen Auftraggebern dementsprechend häufig Meldung machen, daß er nicht in der Lage war, ihre Weisungen vollständig auszuführen, dann würde er sich auf Dauer dem Vorwurf der Unfähigkeit aussetzen[459]. Entsprechendes gilt in verstärktem Maße, wenn nach der Marktlage Umsätze des öfteren nicht möglich sind, der Kursmakler also häufig gezwungen wäre, ausschließlich Geld- oder Briefkurse zu stellen, ohne Abschlüsse zustande bringen zu können. Bei der herrschenden Konkurrenzsituation verlöre er unter Umständen Marktanteile an freie Börsenmakler, den außerbörslichen Bereich oder gar ausländische Börsenplätze, was seine Funktion ernsthaft beeinträchtigen würde.

Weiter ist der Tatsache Rechnung zu tragen, daß ein Kursmakler auch gegen seinen Willen, etwa wegen eines Versehens, gezwungen sein kann, ein Geschäft für eigene Rechnung gelten zu lassen[460].

An der Börse könnten sich zudem eklatante Interessengegensätze entzünden, wenn bestimmte Makler ausschließlich auf Provisionserträge beschränkt sind, während andere Vermittler auch Eigenhandel betreiben und dadurch „den Rahm abschöpfen" dürfen[461], indem sie ihr „Auftrags"-Volumen gerade an umsatzschwachen Tagen steigern und dadurch Courtageausfälle kompensieren[462] bzw. drohende Leerkosten vermeiden.

Ferner darf nicht verkannt werden, daß der Kursmakler durch Eigengeschäftsaktivitäten einen Beitrag zur Nivellierung der Kurse zu leisten vermag, indem er starke Ausschläge durch Eintritt auf der Gegenseite abmildert, den Markt also wieder ins Gleichgewicht bringt (Funktion der „Marktglättung")[463]. In der Rolle einer reinen „Schreibkraft" stünde ihm diese Möglichkeit nicht offen, einen Teil des Spekulationsmomentes aus dem Börsenhandel herauszunehmen und auf diese Weise eine gewisse Kontinuität für Daueranlagen zu schaffen.

[458] Göppert, S. 165.

[459] Pfleger/Gschwindt III, S. 72.

[460] Göppert, S. 165.

[461] Schmidt, S. 16, Fn. 1.

[462] Schmidt, S. 16.

[463] Eine Verpflichtung zur Kurspflege besteht indes nicht. Ebensowenig läßt sich die „kurspflegende Wirkung" von Eigengeschäften zur Voraussetzung für ihre Zulässigkeit machen (s. Schwark, Gutachten I, S. 21).

2. Lösungsansätze

Es lassen sich eine Reihe von Vorschlägen finden, die das Ziel verfolgen, den Kursmakler vor Interessenkonflikten zu bewahren und seine unabhängige Stellung zu sichern.

Da ein absolutes Verbot der Eigengeschäftstätigkeit nicht den Bedürfnissen des Börsenhandels entspricht, gab es Bestrebungen, diesen Handel aus dem Obligo der Kursmakler herauszunehmen und einen notwendigen Selbsteintritt durch eine staatliche Stelle ausüben zu lassen[464].

Andere Ansätze knüpfen die Zulässigkeit des Selbsteintrittes an bestimmte Voraussetzungen, wie die Ankündigung gegenüber dem Börsenkommissar und dem Börsenpublikum oder die Genehmigung des Auftraggebers.

Nach wieder anderer Ansicht sollte das Eigengeschäft nur statthaft sein, wenn der Abschluß zuvor vergeblich ausgeboten wurde[465] oder auf einem „möglichst wenig veränderten Kursstand" erfolgen kann[466]. Alternativ wurde auch erwogen, Eigengeschäfte bei der Kursfeststellung unberücksichtigt zu lassen[467].

3. Der Umfang der zulässigen Eigengeschäftstätigkeit

Bei Erlaß des Börsengesetzes wurden derartige Konzeptionen nicht aufgegriffen, da sie in der Praxis entweder nicht durchführbar erschienen oder gar ein Hemmnis für die Funktionsfähigkeit der Börsen bedeutet hätten[468]. Das Gesetz hat vielmehr eine Fassung erhalten, die Raum für eine Reihe von Interpretationen läßt: „Die Kursmakler dürfen bei dieser Tätigkeit Handelsgeschäfte für eigene Rechnung oder im eigenen Namen nur schließen ..., soweit dies zur Erfüllung der ihnen erteilten Aufträge notwendig ist. Aufgabegeschäfte, die von dem Kursmakler selbst zu erfüllen sind, unterliegen der gleichen Beschränkung" (§ 32 Abs. 2 S. 1 und 2 BörsG)[469].

a) Der Begriff der Eigengeschäftstätigkeit

In erster Linie bestimmt die Regelung des § 32 Abs. 2 BörsG den Kreis der zulässigen Geschäfte.

464 Hock, S. 100.

465 S. BEK, Frage 13.

466 Vgl. Hanke II, Bank-Information 1975, 18.

467 S. BEK, Frage 13.

468 Göppert, S. 165.

469 Verbotswidrig abgeschlossene Geschäfte sind allerdings weder privatrechtlich unwirksam (§ 32 Abs. 2 S. 3 BörsG), noch von der Benutzung der Börseneinrichtungen ausgeschlossen (Schwark, § 30 Rdnr. 8).

aa) Das Eigen- und das Aufgabegeschäft

Der Beschränkung unterliegen zunächst Abschlüsse des Maklers im eigenen Namen, und zwar unabhängig davon, ob für eigene oder fremde Rechnung[470]. Diese originäre Form der Eigengeschäftstätigkeit ist an den deutschen Börsen allerdings nicht mehr üblich. Die Datenverarbeitungsanlagen der Börsen behandeln entsprechende Eingaben, als sei ein Aufgabegeschäft[471] geschlossen worden[472].

Ein Aufgabegeschäft stellt juristisch zwar ein Vermittlungsgeschäft dar (§ 95 Abs. 1 HGB), bei wirtschaftlicher Betrachtungsweise steht es jedoch einem Eigengeschäft gleich. Der Makler trägt sowohl Erfüllungs- wie Differenzrisiko. Bei verspäteter Benennung der Aufgabe oder begründeten Einwendungen hat er selbst einzutreten[473]. Ab diesem Zeitpunkt ist er der Gefahr der Zwangsregulierung[474] oder Schadenersatzansprüchen wegen Nichterfüllung ausgesetzt. Außerdem hat er die Differenzen zu übernehmen, die zwischen Abschluß des Aufgabegeschäftes und dessen Schließung aufgrund der ständigen Kursschwankungen auftreten[475].

Für den Kursmakler besteht ferner die Möglichkeit, nach entsprechender Vereinbarung seine Hausbank als Gegenpartei des Aufgabegeschäftes zu benennen. Der Abschluß entfaltet dann im Verhältnis zu dem Kreditinstitut die Wirkung eines Eigengeschäftes des Maklers[476].

Geschäfte, die ein Dritter im eigenen Namen für Rechnung des Kursmaklers tätigt, sind im Innenverhältnis der Parteien ebenfalls als Eigengeschäfte anzusehen. Sie sind allerdings kaum zu erfassen, da sie ausschließlich als Vermittlungsgeschäfte des Maklers in Erscheinung treten.

Teilweise gesteht man dem Kursmakler den unbeschränkten Erwerb von Wertpapieren zu Anlagezwecken mit der Begründung zu, das Verbot des § 32 Abs. 2 S. 1 BörsG beziehe sich lediglich auf seine gewerbliche Handelstätigkeit[477]. Die Bezeichnung „Erwerb zu Anlagezwecken" besagt allerdings nur, daß ein Engagement nach der Vorstellung des Käufers auf Dauer ausgerichtet ist. In der Praxis ist eine solche Absicht nicht zu kontrollieren, als Abgrenzungskriterium daher unbrauchbar.

---

470 Pfleger/Gschwindt II, S. 144.

471 Einzelheiten zur Konstruktion des Aufgabegeschäftes s. S. 51.

472 Podlinski, S. 71.

473 § 95 Abs. 3 S. 1 HGB.

474 § 14 Abs. 2 GeschBed.

475 S. § 13 Abs. 4 GeschBed: „Soweit die Aufgabe zu einem anderen Kurs als dem ursprünglichen geschlossen wird, so sind die sich aus der Kursdifferenz [zu Gunsten des Auftraggebers (Anm. d. Verf.)] ergebenden Beträge sofort fällig."

476 Podlinski, S. 72.

477 Mülhausen, WM 1983, 436.

bb) Die Übernahme von Bürgschaften

Die aus eigenem finanziellen Engagement resultierenden Risiken bestehen nicht nur im Hinblick auf den Eigenhandel des Maklers, sondern in gleicher Weise, wenn er Bürgschaften für die von ihm vermittelten Geschäfte übernimmt. Demgemäß erfaßt die Beschränkung des § 32 Abs. 2 S. 1 BörsG auch eine solche Geschäftstätigkeit.

Der Kursmakler soll sich außerhalb des zulässigen Rahmens grundsätzlich in keiner Weise für die Erfüllung der von ihm vermittelten Geschäfte verbindlich machen. Damit dieser Zweck nicht unterlaufen wird, bedarf der Begriff „Bürgschaft“ einer weiten Auslegung, die die Bestellung jeglicher Sicherheit erfaßt[478].

b) Die Zulässigkeit „zur Ausführung der Aufträge“

Zweifel bestehen darüber, wie die Bestimmung zu verstehen ist, Eigen-bzw. Aufgabegeschäfte seien zur zulässig, „soweit zur Ausführung der erteilten Aufträge notwendig“[479]. Die Auslegung dieser Formulierung wird sich allerdings vorrangig an dem Umstand zu orientieren haben, daß die Geschäftsführung des Maklers im funktionalen Sinne immer Vermittlungstätigkeit bleiben muß, nicht aber bezwecken darf, die Schwankungen des Marktes zur Erzielung von Spekulationsgewinnen zu nutzen[480].

In diesem Zusammenhang ist es von wesentlichem Belang, in welchem Bereich die Eigengeschäftstätigkeit entfaltet wird.

aa) Der Eigenhandel im eigenen Geschäftsbereich

In dem Markt, der dem Makler durch Geschäftsverteilungsplan zugewiesen ist[481], darf er eine Eigengeschäftstätigkeit dadurch entfalten, daß er auftretende „Spitzen ausgleicht“. Überwiegt nach der Auftragslage eine Marktseite, dann darf der Makler einen Ausgleich schaffen, indem er den Überhang auf eigene Rechnung übernimmt bzw. ein Aufgabegeschäft schließt, für dessen Erfüllung er eintritt, sofern es ihm nicht möglich ist,

---

[478] S. a. Schwark, § 32 Rdnr. 3.

[479] Um eine einheitliche Interpretation des Gesetzes zu gewährleisten und dadurch Unklarheiten bzw. Unstimmigkeiten auszuräumen, wurde im Jahre 1985 an der Düsseldorfer Börse eine Vereinbarung zwischen Börsenvorstand und Kursmaklerkammer getroffen, die das Tätigkeitsfeld der amtlichen Makler verbindlich absteckt (Podlinski, S. 73).

[480] S. a. Göppert, S. 165.

[481] S. S. 26 ff.

rechtzeitig einen geeigneten Kontrahenten zu finden und den Markt „glatt“ zu verlassen[482].

Im Handel zu gerechneten Kursen[483] ist der Spitzenausgleich gleichzeitig die Konsequenz aus dem Meistausführungsgebot, da er umsatzsteigernd wirkt und aus diesem Grunde den Erfordernissen des § 29 Abs. 3 BörsG entspricht.

Auch die Übernahme einer gesamten Marktgegenseite kann eine Ausführung der erteilten Aufträge bedeuten. Von dem „Spitzenausgleich“ im eigentlichen Sinne sollte man in diesem Zusammenhang allerdings nicht sprechen. In der Praxis hat sich deshalb die Bezeichnung „Maklereintritt“ eingebürgert[484].

Auf der größeren Marktseite darf ein Kursmakler nicht eintreten. Er würde damit keine Orders ausführen, sondern im Gegenteil den Abschluß eines Teiles der ihm aufgetragenen Geschäfte verhindern und damit einen eklatanten Verstoß gegen seine Ausführungsverpflichtung[485] begehen sowie den Markt mit einem spekulativen Moment belasten[486]. Entsprechendes gilt, wenn das Marktungleichgewicht erst durch den Eintritt des Maklers geschaffen wird. Eine Ausnahme von diesem Prinzip wird man jedoch dann zulassen müssen, wenn der Kursmakler zulässigerweise eingegangene Positionen wieder auflöst. Anderenfalls bestünde das Risiko, daß er diese Posten nur zu unangemessenen Konditionen veräußern könnte[487].

Nach alledem ist dem Kursmakler eine grundsätzlich passive Rolle zugewiesen. Er hat abzuwarten, wie sich die Marktlage entwickelt, bevor ein Selbsteintritt in Betracht kommt. Wird der Makler aus eigenem Antrieb aktiv, indem er etwa eine Preisspanne ausruft, um Orders zu provozieren wie im Handel zu variablen Kursen üblich[488], dann führt er im strengen Wortsinn keinen Auftrag aus. Auch dieses Verhalten ist jedoch als zulässig zu erachten, und zwar aus der Erwägung heraus, daß es eine latente Bereitschaft der Marktteilnehmer zum Abschluß von Geschäften weckt und dadurch ebenfalls geeignet erscheint, „die Geschäftslage des Verkehres an der Börse“ zum Ausgleich zu bringen. Zur Klarstellung sollte diese Auslegung allerdings gesetzlich fixiert werden[489].

---

[482] Podlinski, S. 73 f.

[483] S. S. 38 f.

[484] S. Podlinski, S. 74.

[485] S. S. 52 f.

[486] S. a. Podlinski, S. 74.

[487] Mülhausen, WM 1983, 436 f.

[488] S. a. S. 39 f.

[489] Podlinski, S. 74 f.

bb) Der Eigenhandel außerhalb des eigenen Geschäftsbereiches

Der Eigenhandel des Kursmaklers außerhalb seines amtlichen Bereiches wird durch § 32 Abs. 2 BörsG nicht erfaßt. Ihrem Wortlaut nach regelt diese Vorschrift lediglich den Abschluß von Eigengeschäften bei Ausübung der (amtlichen) Funktion im Sinne des § 32 Abs. 1 S. 1 BörsG („bei dieser Tätigkeit"). Gleichwohl sind durchaus gravierende Rückwirkungen auf die Betätigung des Maklers als vermittelnde und kursfestsetzende Instanz denkbar.

Zum einen kommt es zur Bindung finanzieller Mittel, was seine Belastbarkeit bei der Abwicklung der im amtlichen Bereich abgeschlossenen Geschäfte beeinträchtigen könnte. Nach einem außerbörslichen Engagement in Papieren des eigenen Marktes mag der Kursmakler ferner versucht sein, seine Interessen in die amtliche Preisnotiz einfließen zu lassen[490].

Andererseits eröffnet eine entsprechende Befugnis dem Makler die Möglichkeit, außerbörslich solche Positionen abzugeben bzw. aufzubauen, die aus einem zulässigen Spitzenausgleich oder Maklereintritt resultieren, ohne den amtlichen Markt zu belasten. Diese Erwägung wiegt im Vergleich zu den genannten Risiken so schwer, daß man eine außerbörsliche Eigengeschäftstätigkeit in Papieren des eigenen Marktes als zulässig wird ansehen müssen.

Letztlich kommt es somit auf eine effiziente Kontrolle an, ob der Kursmakler die in Rede stehenden Positionen unter Beachtung der geltenden Vorschriften in sein amtliches Skontro übernimmt und dadurch die Kursfeststellung beeinflußt[491].

Der während der Börsenzeit stattfindende Eigenhandel in Wertpapieren, deren amtliche Vermittlung einem anderen Kursmakler zugewiesen ist, bildet zwar grundsätzlich keinen Verstoß gegen den Geschäftsverteilungsplan. Die Geschäftsverteilung bestimmt ausschließlich die Zuständigkeit für die amtliche Kursfeststellung, regelt hingegen nicht die Frage, ob ein Makler im fremden Markt tätig werden darf. Ein entsprechendes Verbot läßt sich allerdings § 32 Abs. 1 S. 2 BörsG entnehmen, der den amtlichen Makler während der Börsenzeit auf den Handel mit den ihm zugewiesenen Wertpapieren beschränkt[492]. Die Möglichkeit, daß der Kursmakler unter Einschaltung eines an der Börse zugelassenen Kreditinstitutes wie jeder Anleger auch Wertpapiere kaufen oder veräußern kann, die ihm nicht zur Betreuung zugewiesen sind, wird durch diese Vorschrift jedoch nicht ausgeschlossen[493].

---

490 Podlinski, S. 75.

491 Mülhausen, WM 1983, 442.

492 Kümpel, WM 1989, 1315; s. a. Mülhausen (WM 1983, 443), der eine derartige Beschränkung aus der Geschäftsverteilung sowie der Betriebspflicht (s. S. 50) des Maklers ableitet (ablehnend Baumbach/Duden/Hopt, SchlußAnh III, zu § 32).

493 S. BT-DrS 11/4177, S. 16 (zu § 32).

Unabhängig von der geschilderten Rechtslage sollte der Makler jedoch stets bestrebt sein, ein entstandenes Obligo möglichst umgehend auszugleichen[494].

cc) Der volumenmäßige Rahmen des Eigenhandels

Zu berücksichtigen ist weiter, daß der Abschluß von Aufgabegeschäften eine automatische Gewährung von, wenn auch äußerst kurzfristigen, Krediten seitens der übrigen Handelsteilnehmer bedeutet[495]. Um die daraus resultierenden Risiken[496] überschaubar zu halten, können in der Börsenordnung Regelungen zur Begrenzung der Börsenverbindlichkeiten der Makler erlassen werden (§ 8 a Abs. 4 BörsG).

Der Umfang des zulässigen Volumens abgeschlossener Aufgabegeschäfte wird durch einen Kautionsrahmen limitiert, der sich als Vielfaches einer durch den Makler geleisteten Sicherheit[497] ergibt[498]. Dem Umstand, daß sich das bestehende Risiko primär nach der Art des gehandelten Wertpapieres bemißt, wird durch die Bestimmung unterschiedlicher Multiplikatoren Rechnung getragen. Je höher dieses Risiko ausfällt, desto enger wird der zulässige Rahmen gezogen[499]. Diese relative Handelsbeschränkung läßt sich ergänzen, indem man die erbrachten Sicherheitsleistungen bei der Berechnung des Kautionsrahmens nur bis zu einer bestimmten Höhe berücksichtigt. Auf diese Weise ergibt sich zusätzlich ein absolutes Höchstvolumen der Aufgabegeschäftstätigkeit, das extreme finanzielle Belastungen des Maklers und damit eine Gefährdung seiner amtlichen Stellung vermeiden hilft. Dem Kautionsrahmen erwächst dadurch eine gewisse Ordnungsfunktion[500].

Die Bestimmung einer absoluten Grenze bildet zwar eine Beschränkung der Berufsausübung im Sinne des Art. 12 Abs. 1 GG, die prinzipiell nur

---

494 S. Göppert, S. 165.

495 S. BT-DrS 11/4177, S. 11, 15; Podlinski, S. 77.

496 Einen aktuellen Fall s. bei Knipp, FAZ v. 3.6.89, 11 f.

497 Zur Bestellung von Sicherheiten s. S. 116.

498 So ausdrücklich die durch Gesetz vom 11. Juli 1989 (BGBl. I, S. 1412 ff.) aufgehobene Vorschrift des § 32 Abs. 2 S. 3 BörsG; s. a. Baumbach/Duden/Hopt, SchlußAnh III, zu § 8 a, Anm. 4.

499 Diese Multiplikatoren lassen sich im Bedarfsfall zudem variieren. In Reaktion auf den drastischen Kursverfall im Oktober des Jahres 1987 wurde der an der Börse in Frankfurt festgesetzte Faktor für den Handel in festverzinslichen Wertpapieren vom Zwanzig- auf das Zehnfache, in Aktien vom Zehn- auf das Vierfache, in Optionsscheinen gar auf das Zweifache reduziert (s. SZ v. 13.11.1987).

Künftig sollen in der Börsenordnung ausdrückliche Regelungen aufgenommen werden, die in möglicherweise hektischen Börsenzeiten eine flexible Anpassung des Multiplikators ermöglichen (vgl. BT-DrS 11/4177, S. 15).

500 Podlinski, S. 77.

durch oder aufgrund eines Gesetzes zulässig ist[501], auf vertraglichem Wege kann sie jedoch unproblematischerweise festgelegt werden.

Eine ebenfalls vertraglich begründete Besonderheit findet sich an der Börse in Düsseldorf. Die Kursmakler dieses Platzes haben zwei voneinander getrennte Sicherheiten zu erbringen, die sich auf den Handel im amtlichen Zuständigkeitsbereich sowie auf die sonstige Geschäftstätigkeit beziehen[502]. Soweit jeweils bestimmte Mindestsicherheiten erbracht sind, besteht im Rahmen der absoluten Schranken ein Wahlrecht des Maklers, was die Zuordnung der Sicherheit auf amtlich bzw. nicht-amtlich getätigte Geschäfte angeht.

V. Die Bewirkung öffentlicher Käufe und Verkäufe

Eine Reihe gesetzlicher Vorschriften eröffnet die Möglichkeit eines freihändigen Kaufes bzw. Verkaufes, sofern die betreffende Ware einen Börsen- oder Marktpreis hat und das Geschäft durch einen öffentlich ermächtigten Handelsmakler bewirkt wird[503]. Der Kursmakler erlangt die Stellung eines solchen Handelsmaklers mit seiner Ernennung kraft Gesetzes (§ 34 BörsG).

Die Bewirkung freihändiger Geschäfte vollzieht sich außerhalb der Geltung börsengesetzlicher Bestimmungen[504]. Die zu handelnden Gegenstände brauchen weder zum Geschäftsbereich des Maklers oder dem der Börse zu gehören, noch überhaupt zum Börsenhandel zugelassen zu sein. Der Kursmakler kann Aufträge auch von nicht zum Börsenhandel zugelassenen Personen entgegennehmen[505]. Ein Kontrahierungszwang besteht ebensowenig wie eine Tätigkeitspflicht nach Übernahme eines Auftrages[506]. Das angetragene Geschäft darf innerhalb wie außerhalb des Börsenverkehrs ausgeführt werden. Einer Berücksichtigung der „wirklichen" Marktlage im Sinne des § 29 Abs. 3 BörsG bedarf es nicht. Außerdem ist der amtliche Makler befugt, eine Order zu jedem Gebot auszuführen, das denjenigen, für dessen Rechnung das freihändige Geschäft erfolgt, nicht unangemessen benachteiligt[507]. Im Rahmen des Pfandverkaufes ist der Selbsteintritt des Maklers gemäß

[501] A. A. ohne Begründung Schwark, § 32 Rdnr. 7, der Beschränkungen dieser Art durch börsenverwaltungsrechtliche Vorschriften für zulässig erachtet.

[502] Vgl. Podlinski, S. 76 f.

[503] S. z. B. §§ 373 Abs. 2, 376 Abs. 3 S. 2 HGB; 385, 1221 BGB; weitere Beispiele bei Schwark, § 34 Rdnr. 4.

[504] Matthes, S. 192.

[505] Schwark, § 34 Rdnr. 2; Baumbach/Duden/Hopt, § 32 BörsG, Anm. 1.

[506] Matthes, S. 193.

[507] Matthes, S. 194.

§§ 457, 456 BGB untersagt. Soweit ein derartiges Verbot im übrigen ausdrücklich nicht normiert wurde, findet die genannte Regelung entsprechende Anwendung[508].

Eine Ermächtigung zu öffentlichen Versteigerungen bildet § 34 BörsG nicht. Hierzu bedarf es einer besonderen Bestellung aufgrund der Versteigerungsgesetze der Länder[509].

VI. Die Durchführung von Zwangsexekutionen

Kommt eine Partei ihrer aus einem Börsengeschäft resultierenden Verpflichtung nicht rechtzeitig nach, dann ist der nichtsäumige Kontrahent befugt, eine Nachfrist unter Androhung der Zwangsexekution (Zwangsregulierung) zu setzen[510]. Erklärt die Partei, nicht erfüllen zu wollen oder zu können, wird sie zahlungsunfähig oder stellt sie die Zahlungen ein, dann ist die Zwangsexekution unverzüglich, also ohne Nachfristsetzung, einzuleiten[511].

Bewirkt wird die Zwangsregulierung durch Kauf oder Verkauf unter Vermittlung des zuständigen Kursmaklers, der entweder den am Exekutionstage notierten Einheitskurs zugrunde legt, oder — bei Wertpapieren mit fortlaufender Notierung — den erstmöglichen fortlaufenden Kurs[512].

Grundsätzlich findet diese Verfahrensweise auch bei Säumnis eines Kursmaklers Anwendung. Teilweise ist in diesem Falle die Durchführung einer Zwangsregulierung jedoch ausgeschlossen. Die an der Wertpapierbörse in Düsseldorf zugelassenen Börsenbesucher reichen etwa Kontrollisten über nicht rechtzeitig geschlossene Aufgabegeschäfte[513] bei der Lombardkasse ein, einem Spezialinstitut, das ein Konto für jeden Makler führt[514]. Dieses Institut nimmt daraufhin eine Verrechnung der offenen Positionen zu Lasten des Maklerkontos vor; die auf diese Weise entstandenen Posten hat der Makler in seine Bücher zu übernehmen. Angesichts der dezidierten Bestimmungen über die Zwangsregulierung erscheint der beschriebene „Zugriff" auf die Maklerkonten bei der Lombardkasse allerdings problematisch.

---

[508] Schwark, § 34 Rdnr. 3.

[509] Schwark, § 34 Rdnr. 1; zum Kursmakler als Versteigerer s. a. Heilborn, Bankarchiv 1903, 189 ff.

[510] § 16 Abs. 1 S. 1 GeschBed.

[511] § 16 Abs. 2 und 3 GeschBed.

[512] § 17 Abs. 1 GeschBed.

[513] S. S. 51.

[514] S. a. S. 111, Fn. 1.

VII. Die Beschränkungen der Kursmaklertätigkeit nach § 32 Abs. 3 BörsG

Um enge geschäftliche Beziehungen des Kursmaklers zu den übrigen Handelstreibenden zu unterbinden, die einen Einfluß auf die amtliche Preisgestaltung bewirken könnten, und ihm auf diese Weise die Stellung eines unparteiischen und unabhängigen Vermittlers zu sichern, statuiert § 32 Abs. 3 BörsG eine Reihe von Beschränkungen seiner Geschäftsbetätigung.

1. Im Vordergrund steht das Verbot, ein anderes Handelsgewerbe als das des Handelsmaklers (§§ 1 Abs. 2 Nr. 7, 93 ff. HGB) zu betreiben bzw. sich an einem solchen Gewerbe als Kommanditist oder stiller Gesellschafter zu beteiligen.

Eine weitere Schranke in dem Sinne, daß „Fondsmakler nur börsenmäßige Geschäfte in Wertpapieren, Wechseln und Geldsorten vermitteln dürfen, während die Vermittlung von Warengeschäften den Produktenmaklern vorbehalten" sei[515], läßt sich dem Gesetz dagegen nicht entnehmen.

Grundsätzlich ist es dem Kursmakler gestattet, die Vermittlung von Geschäften jeder Art zu betreiben[516], und zwar auch außerbörslich[517]. Die Erbringung zusätzlich anfallender kaufmännischer Hilfsleistungen wie der Abschluß von Börsennebengeschäften[518] oder die Abgabe von Gutachten, Schätzungen und Marktpreisfeststellungen ist ebenfalls zulässig[519]. Der Rahmen der zulässigen Vermittlungstätigkeit würde allerdings überschritten, wenn der Makler außerhalb seines amtlichen Geschäftsbereiches als Eigenhändler im großen Maßstab aufträte[520].

Ohne Belang bleibt, in welcher Form der Betrieb des anderen Handelsgewerbes organisiert ist. Der Makler darf weder als Einzelkaufmann — auch im Sinne eines Kommissionärs, Handelsagenten oder Handelsvertreters — noch als persönlich haftender Gesellschafter einer offenen Handelsgesellschaft auftreten. Das Verbot, die Stellung eines Kommanditisten oder stillen Gesellschafters zu bekleiden, ist wohl deshalb ausdrücklich im Gesetz aufgenommen, da solche Personen nach der Auffassung des Gesetzgebers kein Handelsgewerbe betreiben[521]. Mitglieder juristischer Personen unter den

---

[515] So Meyer/Bremer, § 32 Anm. 6.

[516] S. Staub-Brüggemann, § 93 Rdnr. 1, 5. Die gewerbsmäßige Vermittlung von Immobilien stellt kein Handelsgewerbe dar, das vom Verbot des § 32 Abs. 3 BörsG erfaßt sein könnte (s. Schwark, § 32 Rdnr. 10).

[517] Matthes, S. 52 f.

[518] Zum Begriff s. Schwark, § 4 Rdnr. 10.

[519] Schwark, § 32 Rdnr. 9.

[520] Schwark, § 32 Rdnr. 9; Mülhausen, WM 1983, 443.

[521] S. Schwark, § 32 Rdnr. 10.

Handelsgesellschaften betreiben grundsätzlich kein Handelsgewerbe[522], und zwar nach der Gesetzeslage auch dann nicht, wenn sie aufgrund der Kapitalverhältnisse Einfluß auf die Geschäftsführung des Unternehmens auszuüben vermögen[523]. Ebenfalls uneingeschränkt statthaft ist die Tätigkeit im Aufsichtsrat oder Beirat einer Gesellschaft.

Eine andere Wertung ergibt sich hinsichtlich der Mitgliedschaft im Geschäftsführungsorgan einer juristischen Person. Zwar betreibt auch ein solches Organ kein Gewerbe im handelsrechtlichen Sinne, das Börsengesetz geht jedoch gleichwohl von einer entsprechenden Deutung aus[524]. Den Betrieb eines anderen Handelsgewerbes bedeutet es darüber hinaus, wenn der Kursmakler aufgrund eines Vertretungsverhältnisses regelmäßig für eine geschäftsunfähige Person auftritt oder aber auch, wenn ein Dritter für Rechnung des Maklers tätig wird[525].

2. Ferner verwehrt ist es dem Kursmakler, sich als Prokurist, Handlungsbevollmächtigter oder Handlungsgehilfe in ein Abhängigkeitsverhältnis zu einem Kaufmann zu begeben (§ 32 Abs. 3 Halbs. 2 BörsG). Der Intention dieser Bestimmung entsprechend scheidet die Begründung eines jeglichen Vertretungsverhältnisses im Rahmen geschäftlicher Betätigung aus[526].

3. Während die Vorschrift des § 32 Abs. 3 Halbs. 2 BörsG keine Ausnahme zuläßt, steht es im Ermessen der Börsenaufsichtsbehörde, ob sie dem Kursmakler im Einzelfalle den Betrieb eines anderen Handelsgewerbes gestattet, wenn dadurch seine amtliche Tätigkeit nicht beeinträchtigt erscheint[527]. Die Erteilung eines solchen — jederzeit widerrufbaren[528] — Dispenses kann etwa angebracht sein, wenn der Makler einen Handelsbetrieb erbt oder sein Einkommen aus amtlicher Tätigkeit auf ein unzureichendes Niveau fällt[529].

4. Ein Kursmakler ist grundsätzlich als Einzelperson in einen amtlichen Geschäftsbereich eingesetzt. Die Bildung von Gesellschaften zum gemeinsamen Betriebe des amtlichen Börsenhandels ist aus diesem Grunde gleichfalls unzulässig[530].

---

522 Staub-Brüggemann, § 1 Rdnr. 32.

523 Zu weitgehend daher Meyer/Bremer (§ 32 Anm. 6), der Überlegungen anstellt, ob die Gesellschafterstellung in einer GmbH untersagt sein könnte, sowie Nußbaum (§ 32 Anm. VI b), der die Mitgliedschaft in einer Aktiengesellschaft, deren Anteile zum Geschäftsbereich des Maklers gehören, als unzulässig ansieht.

524 § 7 Abs. 2 und 4 BörsG; s. a. Schwark, § 32 Rdnr. 10.

525 Meyer/Bremer, § 32 Anm. 6.

526 Meyer/Bremer, § 32 Anm. 7.

527 S. Meyer/Bremer, § 32 Anm. 8.

528 CV-Trumpler, § 32 Anm. 7.

529 Meyer/Bremer, § 32 Anm. 8; Schwark, § 32 Rdnr. 11.

530 Davon unberührt bleibt die Möglichkeit, Courtage- und Sicherheitenpools zu bilden

Hinsichtlich der Betätigung als freier Börsenmakler steht ein Zusammenschluß dagegen in seinem Belieben[531].

5. Der Umfang der in § 32 Abs. 3 BörsG niedergelegten Verbotsvorschriften ist auf erhebliche Kritik gestoßen. Vorgebracht wird insbesondere, die Statuierung eines prinzipiellen Verbotes anderweitiger kaufmännischer Betätigung sei zwar im Hinblick auf die Wahrung einer konzentrierten, sachkundigen und unparteiischen Vermittlung bzw. Kursfeststellung verständlich, im Falle, daß eine Interessenkollision nicht auftreten könne, aus verfassungsrechtlichen Gründen aber ungerechtfertigt. Deshalb sollten „präzisierte Ausnahmemöglichkeiten für einen relativ großen Bereich" zugelassen werden[532].

Gegen diese Auffassung sprechen allerdings verschiedene Erwägungen. Die Garantie der Berufsfreiheit nach Art. 12 GG begründet zwar prinzipiell das Recht, mehrere Berufe zu wählen und gleichzeitig auszuüben[533], so daß die Existenz des § 32 Abs. 3 BörsG die freie Berufswahl einschränkt. An die Voraussetzungen für die Beschränkung der Zuwahl eines Zweit-Berufes sind jedoch keine hohen Anforderungen zu stellen, da dem Berufsbewerber jedenfalls die freie und ungehinderte Entscheidung verbleibt, je nach seiner Neigung auch diesen anderen Beruf zu ergreifen[534]. Ist mit der Ausübung eines Berufes zudem eine besondere Verantwortung oder Vertrauensstellung verbunden, dann liegt es durchaus im Rahmen gesetzgeberischer Typisierungskompetenz, die Zuwahl anderer, namentlich gewerblicher Berufsbetätigungen für unzulässig zu erklären[535]. Schon vor diesem Hintergrund erscheint es nicht unverhältnismäßig, vereidigten Maklern den Betrieb eines anderen Handelsgewerbes zu untersagen.

Hinzu tritt ein weiterer Aspekt, der aus dem Amtscharakter der Kursmaklertätigkeit resultiert. Es ist umstritten, ob ein „staatlich gebundener" Beruf[536], und damit auch der des Kursmaklers[537], überhaupt unter dem Schutz des Art. 12 GG steht[538] oder aber dem Anwendungsbereich des Art. 33 GG unterliegt[539]. Aber selbst, wenn man Art. 12 GG für einschlägig

---

(s. S. 68 ff., 116).

[531] Zur Bildung von Freimaklergesellschaften s. FAZ v. 30.6.88; s. a. Meyer/Bremer, § 32 Anm. 10; CV-Trumpler, § 32 Anm. 9.

[532] Schwark, § 32 Rdnr. 9.

[533] BVerfGE 21, 179.

[534] BVerfGE 21, 181.

[535] M/D/H/S, Art. 12 Rdnr. 279.

[536] Kritisch zu dieser Terminologie M/D/H/S, Art. 12 Rdnr. 221 ff.

[537] Triebel, S. 60 f.

[538] So etwa von Münch-Gubelt, Art. 12 Rdnr. 21.

[539] So für den Parallelfall des Notares M/D/H/S, Art. 12 Rdnr. 225.

hält, hat der Grundsatz Berücksichtigung zu finden, daß die Annäherung einer Berufsstellung an das öffentliche Dienstrecht und damit die Möglichkeit des Gesetzgebers, auf ihre Gestaltung Einfluß zu nehmen, um so stärker ausfällt, je ausgeprägter die öffentlich-rechtlichen Bindungen des Berufes erscheinen[540]. Da die durch Beleihung begründete Amtsstellung des Kursmaklers[541] zumindest im weiteren Sinne als Teil der staatlichen Ämterorganisation anzusehen ist, wird man vor allem in der Frage von Inkompatibilitäten einen Organisationsvorbehalt zugunsten des Staates zulassen müssen, der eine Garantie doppelberuflicher Betätigung grundsätzlich nicht kennt[542].

6. Regelungsbedürftig erscheint hingegen die Frage, unter welchen Voraussetzungen eine Ausnahmebewilligung von dem bestehenden Betätigungsverbot zu erteilen ist. Eine völlig in das Ermessen der zuständigen Behörde gestellte Entscheidungsbefugnis kollidiert mit dem Rechtsstaatsgebot[543].

---

540 Von Münch-Gubelt, Art. 12 Rdnr. 21.

541 S. S. 82 f.

542 So bzgl. des Notares M/D/H/S, Art. 12 Rdnr. 202, 279.

543 Schwark, § 32 Rdnr. 9.

I. Die Benutzung der Börseneinrichtungen

I. Im Rahmen der Leitungskompetenz kann der Börsenvorstand organisatorische Vorkehrungen treffen, um einen reibungslosen Ablauf der Börsengeschäftstätigkeit sowie eine effiziente Kontrolle zu gewährleisten. Dem Kursmakler ist in diesem Zusammenhang regelmäßig die Pflicht auferlegt, bestimmte Börseneinrichtungen in Anspruch zu nehmen[1].

1. Um seiner Anwesenheitspflicht[2] zu genügen, hat er sich während der Börsenzeiten innerhalb der sogenannten Maklerschranken, also an festen, meist erhöhten Plätzen im Börsensaale, aufzuhalten (Residenzpflicht)[3]. Ihre Benutzung soll verhindern, daß die übrigen Börsenbesucher Einblick in die Auftragsbücher erhalten und auf diese Weise gewonnene Kenntnisse über die bestehende Auftragslage in ihre Dispositionsentscheidungen einbeziehen.

Dem Wortlaut nach erscheint der Umfang der Residenzpflicht allerdings zu weit gefaßt. Einem Kursmakler darf es nicht verwehrt sein, auch seinerseits aktiv zu werden und potentielle Auftraggeber außerhalb der Schranken aufzusuchen. Wegen der ihm obliegenden Kontrahierungspflicht[4] hat er in einem solchen Fall jedoch sicherzustellen, daß während seiner Abwesenheit eingehende Orders jederzeit ausgeführt werden. Die in Rede stehenden Bestimmungen sind in diesem Sinne einschränkend zu interpretieren.

2. Außerdem kommt dem Börsenvorstand die Berechtigung zu, den Arbeitsplatz des Kursmaklers funktionsgerecht zu gestalten und etwa die Zahl der für ihn an der Maklerschranke zu verlegenden Telefonanschlüsse auf einen Anschluß zu beschränken.

Die Tätigkeit des Kursmaklers als amtlich bestellter Teilnehmer am Börsenhandel hat sich an dem Umstand auszurichten, daß die Börse nach gegenwärtiger Konzeption einen Präsenzmarkt darstellt, also einen an den Ort der Börse gebundenen Handel. Das Präsenzprinzip gebietet eine für die Anwesenden erkennbare Ausübung der Vermittlungstätigkeit, die der Kursfeststel-

---

[1] Die an der Börse in Düsseldorf bestellten Kursmakler sind außerdem verpflichtet, ein Konto bei der Lombardkasse(s. a. S. 106) zu unterhalten (§ 35 S. 2 BörsO). Dieses Institut betreibt seine Geschäfte jedoch nicht als Börseneinrichtung, sondern als private Geschäftsbank (Schönle, S. 409).

[2] Z. B. § 11 Abs. 1 MaklerO Düsseldorf.

[3] S. a. Göppert, S. 160.

[4] S. S. 46 ff.

lung dient. Diesen Anforderungen genügt eine telefonisch durchgeführte Tätigkeit nur in geringem Maße[5].

3. Eine weitere Verpflichtung der Makler besteht darin, sich bei Abschluß und Abwicklung von Börsengeschäften — auch außerhalb der offiziellen Börsenzeiten — der börseneigenen Datenverarbeitungsanlagen zu bedienen[6]. Auf diese Weise lassen sich die Geschäftsvorfälle jederzeit nachvollziehen, ohne daß man ausschließlich auf die Unterlagen des Maklers angewiesen wäre.

II. Der Pflicht zur Benutzung der Börseneinrichtungen steht ein entsprechender Anspruch gegenüber, der zugleich aus dem Verbot resultiert, den Kursmakler an der Ausübung seiner amtlichen Tätigkeit zu hindern.

Bestritten wird dieses Recht, soweit die Benutzung der Datenverarbeitungsanlagen zur Abwicklung von Geschäften in Rede steht, die der Kursmakler mit solchen Auftraggebern schließt, deren Handelsbefugnis sich auf einen anderen Börsenplatz bezieht als seine eigene[7].

Die Makler entfalten zwar auch eine „interbörsliche" Tätigkeit, sind derzeit aber gezwungen, handschriftliche Schlußnoten zu erstellen[8]. Im Zuge des fortschreitenden Datenverbundes zwischen den Börsen, und damit der Schaffung eines „Finanzplatzes Deutschland"[9], sollte demgegenüber eine Befugnis sämtlicher an einer deutschen Börse zugelassenen Handelsteilnehmer begründet werden, uneingeschränkt Geschäfte untereinander zu tätigen[10].

---

[5] S. VG Frankfurt, WM 1988, 1335. Zu den Anforderungen an einen telefonisch erteilten Auftrag s. bereits S. 45.

[6] Z. B. §§ 35 S. 1 BörsO Düsseldorf; 36 BörsO Frankfurt.

[7] Das entsprechende Verbot dürfte in dem Umstand gründen, daß die übrigen Börsenbesucher eine Konkurrenz im Bereich der Arbitragegeschäfte (zum Begriff s. Obst/Hintner, S. 668) befürchten.

[8] Zum sogenannten Platzüberschreitenden Effektenverkehr (PUEV) s. Schwark, Gutachten I, S. 85 f.

[9] S. etwa Kalenberg, ZfgK 1988, 180 ff.

[10] Schwark, Gutachten I, S. 86; s. a. AG 1989, R 92.

J. Die Pflicht zur Entrichtung von Gebühren

Um die Finanzierung der Börse sicherzustellen, erläßt der Börsenvorstand eine Gebührenordnung, die die Erhebung bestimmter Gebühren sowie die Erstattung von Auslagen[1] für die Zulassung zur Teilnahme am Börsenhandel vorsehen kann (§ 5 Abs. 1 Nr. 1 BörsG).

I. Diese Gebührenordnung begründet regelmäßig auch eine Zahlungspflicht des Kursmaklers[2].

Nach dem Wortlaut des § 5 Abs. 1 Nr. 1 BörsG könnte man zwar meinen, Adressaten der Gebührenordnung seien ausschließlich diejenigen Personen, deren Berechtigung zum Börsenhandel nach § 7 BörsG durch den Börsenvorstand erteilt wird, nicht aber ein Kursmakler, der kraft Amtes zum Börsenbesuch zugelassen ist[3]. Eine derartige Interpretation ist mit Sinn und Zweck des § 5 Abs. 1 Nr. 1 BörsG jedoch nicht zu vereinbaren. Diese Norm muß als Ermächtigung angesehen werden, sämtliche Börsenbesucher zur Deckung solcher Unkosten heranzuziehen, die aufgrund von Börsenleistungen öffentlich-rechtlicher Natur entstehen[4]. Anderenfalls bestünde keine wirksame Rechtsgrundlage, den Makler zu Zahlungen heranzuziehen. Zum einen steht die Bestellung zum Kursmakler in keinem rechtlichen Zusammenhang zur Mitgliedschaft beim Börsenträger[5], dem die Aufbringung der Mittel zum Betriebe der Börse letztlich obliegt[6]. Außerdem erscheint es im Hinblick auf die öffentlich-rechtliche Funktion des Kursmaklers[7] mehr als zweifelhaft, ob es zulässig ist, ihm aufgrund des privaten Haus- und Verfügungsrechtes den Zutritt zum Börsengebäude dann zu verweigern, wenn er die durch den Börseneigentümer festgesetzten Kostenbeiträge nicht entrichtet[8].

II. Da die Gebühren der Begleichung laufender Kosten dienen, kann nicht nur die Entrichtung einer Aufnahmegebühr bei erstmaliger Zulassung[9], son-

[1] Zu diesen Begriffen vgl. Schwark, § 5 Rdnr. 1 f., 6.

[2] A. A. Schwark, § 5 Rdnr. 2.

[3] S. S. 22.

[4] Bruns/Rodrian, § 5 Anm. 5.

[5] So für die Zulassung als Freimakler Schwark, § 7 Rdnr. 2. Nach der Begründung zum Änderungsgesetz 1975 schließt § 5 BörsG nicht aus, daß der Börsenträger seine Mitglieder zur Finanzierung der Börse heranzieht (vgl. Bruns/Rodrian, § 5 Anm. 5).

[6] S. S. 34.

[7] S. S. 79 f.

[8] So aber Schwark, § 5 Rdnr. 6.

[9] Z. B. § 5 GebO Düsseldorf.

dern auch die Zahlung regelmäßig wiederkehrender Beiträge verlangt werden[10]. Aufgrund einer einmaligen Gebühr ließe sich eine Deckung der anfallenden Ausgaben kaum erreichen[11]. Die Gebühr für die „Zulassung“ zum Börsenhandel stellt danach nicht das Entgelt für eine einmalige Handlung dar, sondern wird für den dauernden Gebrauch der Börseneinrichtungen erhoben.

In diesem Zusammenhang ist allerdings eine Differenzierung angebracht. Soweit es sich um „echte“ Gebühren handelt, die die allgemeinen Kosten der Einrichtung „Börse“ decken sollen, also Ausgaben für Verwaltung und Unterhaltung, unterliegt ihr öffentlich-rechtlicher Charakter keinem Zweifel; der Börsenbesucher befindet sich insoweit in einem ebensolchen Rechtsverhältnis zu den Börsenorganen[12]. Die Benutzung der für die Funktion des Handelsplatzes unerläßlichen „Infrastruktur“ wie Büroräume und technische Vorrichtungen, regelt sich hingegen ausschließlich nach Vertragsrecht. Entsprechende Beiträge sind demgemäß als Mietzinsen, Vergütungen für Dienstleistungen etc. einzuordnen[13].

III. Auf die Gebührenordnungen nicht stützen läßt sich die Finanzierung von Vorhaben baulicher oder technischer Art[14]. Nach § 5 Abs. 1 BörsG darf neben der Erhebung von Gebühren lediglich eine Verpflichtung zur Auslagenerstattung vorgesehen werden. Als Auslagen sind jedoch nur solche Beträge zu bezeichnen, die in Erfüllung von Verbindlichkeiten Dritter vorgelegt werden[15]. Eine Verpflichtung der Börsenbesucher, Eigentum des Börsenträgers zu bilden, besteht indes nicht. Die Aufbringung der Gelder für derartige Investitionen obliegt ausschließlich dem Börsenträger.

IV. Die Erhebung der im übrigen zweckgebundenen[16] Mittel ist an die allgemeinen gebührenrechtlichen Grundsätze gebunden. Zwischen Gebühr und Wert der Leistung muß an angemessenes Verhältnis bestehen, die Summe der eingeforderten Gebühren darf die Kosten des Verwaltungsaufwandes nicht wesentlich überschreiten[17].

---

[10] Z. B. § 2 Abs. 1 GebO Düsseldorf.

[11] Bruns/Rodrian, § 5 Anm. 4 f.

[12] Huber, S. 627.

[13] Die Berechtigung, die Höhe des privaten Entgeltes festzusetzen, ergibt sich entweder aus der Börsenordnung oder zumindest aus dem Eigentumsrecht des Börsenträgers [Bremer, JR 1957, 329; Beyer-Fehling/Bock, § 5 Anm. 2; a. A. Bruns/Rodrian (§ 5 Anm. 13), der aus dem Zusammenhang zwischen der Zulassung zum Börsenbesuche und der Erlaubnis, die Börseneinrichtungen zu nutzen, folgert, die Benutzung etwa von Börsenbüros sei öffentlich-rechtlicher Natur.]

[14] Degner, WM 1975, Beilage 3, 16; a. A. Beyer-Fehling/Bock, § 5 Anm. 3; Bruns/Rodrian, § 5 Anm. 12.

[15] Bruns/Rodrian, § 5 Anm. 15.

[16] Degner, WM 1975, Beilage 3, 16; s. z. B. § 15 Abs. 2 S. 2 GebO Düsseldorf.

[17] Schwark, § 5 Rdnr. 4.

Die Höhe der Gebühren setzt der Börsenvorstand jeweils für ein Kalenderjahr nach einer Staffel fest, „die die Bedeutung des Unternehmens[18] im Wertpapiergeschäft, seine Beteiligung am Wertpapierhandel sowie sein mußmaßliches Interesse an der Börseneinrichtung berücksichtigt“[19]. Als konkreter Berechnungsmaßstab läßt sich der Umsatz des Benutzers oder die Zahl seiner an der Börse tätigen Angestellten zugrundelegen. An Stelle der Durchführung einer Einschätzung jedes einzelnen Kursmaklers kann es zulässig sein, von der Kursmaklerkammer eine Pauschalgebühr zu erheben[20].

[18] Gemeint ist der einzelne Börsenbesucher.

[19] Z. B. § 2 Abs. 2 GebO Düsseldorf.

[20] Z. B. § 3 GebO Düsseldorf.

K. Die Bestellung von Sicherheiten

I. Nach §§ 32 Abs. 4, 7 Abs. 4 S. 1 Nr. 3 BörsG hat der Kursmakler eine Sicherheit zu erbringen, um Verpflichtungen aus Geschäften über börsenmäßig handelbare Gegenstände, insbesondere die Risiken aus Aufgabegeschäften und Kursdifferenzen, jederzeit abdecken zu können[1].

Die Höhe der Sicherheit richtet sich nach Art und Umfang der erstrebten oder ausgeübten Tätigkeit. Es dürfen höchstens 500.000,– DM, im Falle, daß sich der Makler auf eine Vermittlungstätigkeit beschränkt, höchstens 100.000,– DM als Sicherheit gefordert werden; höhere Sicherheiten können jedoch angeboten werden.

Die Sicherheit ist durch Bürgschaft eines Kreditinstitutes oder durch eine Kautionsversicherung zu leisten[2]. Die Überwachung der Sicherheiten obliegt der Börsengeschäftsführung[3].

II. Neben dem Zwang, Sicherheiten stellen zu müssen, bestehen teilweise Regelungen, die eine Solidarhaftung in der Weise begründen, daß jeder Kursmakler auch für die Verbindlichkeiten eines anderen Maklers einzustehen hat, der zur Erfüllung seiner Abschlüsse selbst nicht in der Lage ist[4].

Diese Bestimmungen schaffen indes für die Betroffenen ein unkalkulierbares Risiko. Sachgerechter erscheint es, auf die Bildung von Sicherheitsfonds hinzuwirken[5], die aus den bestehenden Courtagepools[6] dotiert werden könnten.

---

[1] Der Zwang, eine Mindestsicherheit stellen zu müssen, fungiert ferner als Eintrittsschranke, mit Hilfe derer finanzschwache Personen vom Wertpapierhandel an der Börse ausgeschlossen werden.

Darüber hinaus erscheint die Bestellung einer Sicherheit auch deshalb erforderlich, da der Makler aufgrund seiner Vermittlungstätigkeit dem Risiko erheblicher Schadenersatzforderungen ausgesetzt ist (Schmidt, S. 121, Fn. 3).

[2] § 7 Abs. 4 S. 1 Nr. 3 BörsG.

[3] § 8 a Abs. 5 S. 1 BörsG; s. a. S. 124.

[4] S. § 3 der Regeln für die Engagementskontrolle der Berliner Makler; Vereinbarung zwischen Kursmakler und Börsenvorstand an der Börse in Düsseldorf vom 14.7.1970 unter Punkt 3. und 4.; im Ansatz auch § 29 Abs. 2 BörsO Stuttgart.

[5] Unter diesem Blickwinkel ist auch die Forderung der Kursmakler zu sehen, ihnen solle die Befugnis eingeräumt werden, wegen der sie treffenden Risiken steuerneutrale, zweckgebundene Rücklagen bilden zu dürfen (s. AG 1988, R 10).

[6] S. S. 68 ff.

L. Die Vertretung des Kursmaklers im Amte

Die dem Kursmakler obliegende Betriebspflicht[1] gebietet es, Vorsorge für den Verhinderungsfall[2] zu treffen. Daher hat er grundsätzlich eine Vertretung zu beschaffen, teilweise wird diese Aufgabe auch durch die Kursmaklerkammer wahrgenommen[3]. Mit der Vertretung kann zwar prinzipiell jeder andere an demselben Börsenplatz tätige Kursmakler betraut werden[4], in der Praxis hat sich indes die Bestellung von Handlungsvertretern eingebürgert, die als Kursmaklerstellvertreter oder Kursmaklersubstitute bezeichnet werden[5] und entweder ein selbständiges Gewerbe betreiben[6] oder im Anstellungsverhältnis zu einem Kursmakler stehen[7].

Da dem Kursmakler die Erteilung einer privatrechtlichen Vertretungsmacht, nicht aber die Übertragung seiner öffentlich-rechtlichen Kompetenzen gestattet ist, bedarf die Einsetzung eines Substituten ebenso wie die Bestellung zum Kursmakler eines besonderen amtlichen Auftrages und der Vereidigung. Die Berufung eines Substituten erfolgt teilweise befristet[8], in anderen Fällen auch unbefristet mit Widerrufsvorbehalt[9].

Der Vertreter kann sowohl im voraus wie auch nach Eintritt des Verhinderungsfalles ernannt werden[10]. Hat die Aufsichtsbehörde gegenüber einem Kursmakler die vorläufige Untersagung der Amtsausübung ausgespro-

---

1 S. S. 50.

2 Der Makler hat in der Regel einen Anspruch auf Jahresurlaub bis zu zwei Monaten. Zuständig für die Gewährung ist die Kursmaklerkammer bzw. deren Vorstand (z. B. §§ 17 Abs. 2 S. 1 MaklerO Frankfurt, 10 Abs. 2 S. 1 Berlin). An den Plätzen, an denen eine Kammer nicht besteht, ist Einvernehmen mit dem Börsenvorstand herbeizuführen (z. B. § 12 S. 2 MaklerO Bremen). In Ausnahmefällen kann ein Urlaub auch über die genannte Zeit hinaus bewilligt werden. Die entsprechende Entscheidung trifft die Aufsichtsbehörde bzw. der Staatskommissar (z. B. §§ 10 Abs. 2 S. 2 MaklerO Berlin, 17 Abs. 2 S. 1 MaklerO Frankfurt).

3 Z. B. §§ 10 Abs. 1 S. 2 und Abs. 3 S. 1 MaklerO Berlin, 17 Abs. 3 S. 1 und Abs. 4 MaklerO Frankfurt.

4 So ausdrücklich § 10 Abs. 3 S. 2 MaklerO Berlin; s. a. Matthes, S. 268.

5 Börsengesetzlich ist die Zulässigkeit dieses Institutes in § 9 Abs. 1 S. 3 BörsG angedeutet.

6 So die Kursmaklervertreter an der Börse in Frankfurt.

7 So die Kursmaklervertreter an der Börse in Düsseldorf.

8 Z. B. § 14 Abs. 2 S. 2 MaklerO Düsseldorf.

9 Z. B. § 16 Abs. 1 S. 1 MaklerO Bremen.

10 Matthes, S. 268.

chen[11], dann ist eine wirksame Vertretung nur durch einen besonders bestellten Substituten oder einen Kursmakler statthaft[12].

Sofern der Vertreter die Funktion eines amtlichen Maklers ausübt, übernimmt er in vollem Umfang dessen Rechts- und Pflichtenstellung. Er unterliegt deshalb insbesondere den Beschränkungen aus § 32 BörsG[13]. Etwas anderes gilt im Hinblick auf das Verbot, in ein Angestelltenverhältnis einzutreten (§ 32 Abs. 3 S. 2 BörsG). Die Praxis hat diese Regelung insoweit gewohnheitsmäßig außer Kraft gesetzt[14]. Zu öffentlichen Verkäufen im Sinne des § 34 BörsG ist ein Substitut ohne besonderen staatlichen Auftrag nicht ermächtigt[15].

Durch einen Vertreter abgeschlossene Geschäfte wirken grundsätzlich für und gegen den vertretenen Kursmakler[16]; Provisionsforderungen erwachsen daher in der Person des Maklers. Die Entlohnung des Substituten beruht auf der Basis individueller Vereinbarungen, etwa im Wege der Teilung von Courtageeinkünften[17].

Teilweise erfolgt die Bestellung von Substituten nicht ausschließlich für einen bestimmten Geschäftsherrn, sondern gewissermaßen für die Gemeinschaft sämtlicher Kursmakler eines Börsenplatzes. Der einzelne Makler wird auf diese Weise der Verpflichtung enthoben, selbst einen Vertreter zu bestimmen[18]. Da die Vertretung auch die Belange seines Gewerbebetriebes betrifft, darf ein Makler durch diese Praxis allerdings nicht gehindert sein, einen „eigenen“ Substituten seines Vertrauens zu benennen.

Nicht entnehmen läßt sich den einschlägigen Vorschriften, ob ein Substitut mit Bestellung die Mitgliedschaft in der Kursmaklerkammer erwirbt und damit die Berechtigung erhält, an den Wahlen zum Kammervorstand teilzunehmen. Mangels anderer Anhaltspunkte muß man allerdings davon ausgehen, daß die Maklerordnungen diese Frage abschließend regeln. Ein entsprechendes Recht besteht also auch dann nicht, wenn ein Substitut gerade die Funktion eines „hauptamtlichen“ Kursmaklers versieht[19]. De lege ferenda

---

[11] S. auch S. 122, 131.

[12] Matthes, S. 269.

[13] Matthes, S. 266.

[14] Hock, S. 51; Göppert, S. 155, Fn. 1. Diese Ausnahme ist allerdings nicht zwingend. Denkbar wäre auch, ausschließlich den Einsatz freiberuflich tätiger Vertreter (s. bereits S. 117 zuzulassen.

[15] Matthes, S. 270.

[16] Nedon, S. 83; s. a. § 7 Abs. 2 MaklerO Berlin.

[17] Matthes, S. 269.

[18] Gegenwärtig sind beispielsweise an der Börse in Düsseldorf neben neunzehn Kursmaklern lediglich neun Vertreter bestellt.

[19] Hock, S. 52; Nußbaum,§ 30 Anm. VIII. An der Börse in Düsseldorf etwa haben Substitute zwar Sitz, nicht aber Stimme in der Kursmaklerkammer.

erscheint es jedoch sachgerecht, den Kursmaklervertretern ein Mitspracherecht einzuräumen. Ihre Interessen decken sich im wesentlichen mit denen der amtlichen Makler, die Kammer ist damit letztlich auch für ihre Belange zuständig.

Hinsichtlich der übrigen Rechtsfragen sind die für den Kursmakler geltenden Vorschriften entsprechend anwendbar[20]. Umfangreicher ist allerdings der Katalog der Entlassungsgründe[21]. Die Bestellung des Vertreters ist auch dann zu widerrufen, wenn der Geschäftsherr seine Betätigung aufgibt[22] oder das zu diesem bestehende Angestelltenverhältnis erlischt[23]. Derartige Umstände sind der Aufsichtsbehörde unverzüglich zur Kenntnis zu bringen.

---

20 So ausdrücklich etwa § 14 Abs. 5 MaklerO Düsseldorf.

21 Zur Entlassung des Kursmaklers s. S. 130 f.

22 Matthes, S. 270 f.

23 Z. B. § 14 Abs. 4 MaklerO Düsseldorf.

M. Die Beaufsichtigung der Kursmaklertätigkeit

Obwohl der Kursmakler ein Gewerbe betreibt[1], finden die Vorschriften über die Gewerbeaufsicht keine Anwendung[2]. Eine solche Aufsicht erschien überflüssig, da sich eine wirksame Kontrolle bereits auf anderem Wege vollzieht.

I. Die staatliche Aufsicht

1. a) Der Kursmakler unterliegt nach § 8 a Abs. 1 BörsG einer umfassenden staatlichen Beaufsichtigung.

Für die Übertragung dieser Kompetenz auf die Länderaufsichtsbehörden war maßgeblich, daß sich die Regelung nicht auf den amtlichen Börsenhandel beschränken kann, sondern wegen der untrennbaren Verknüpfung von amtlichem Börsenhandel und vor- sowie nachbörslichem Handel auch letzteren einschließen muß. Die Risiken aus den außerbörslichen abgeschlossenen Geschäften können sich auf die börsliche Betätigung des Maklers auswirken; die Abrechnung und die Lieferung der gehandelten Wertpapiere erfolgt in beiden Marktsegmenten auf die gleiche Weise und im gleichen System.

Eine vollständige Übertragung der Aufsicht auf die Selbstverwaltungsorgane der Börse wie den Börsenvorstand oder die Kursmaklerkammer erschien wegen des hohen Anteiles der außerbörslichen Geschäftstätigkeit zweifelhaft[3]. Außerdem sollten im Interesse der Objektivität neutrale Stellen mit dieser Aufgabe betraut werden.

Die Begründung einer Zuständigkeit des Börsenvorstandes wäre demgegenüber auf wettbewerbsrechtliche Bedenken gestoßen. Die im Börsenvorstand vertretenen Kreditinstitute stehen auf dem Gebiet des Wertpapierhandels teilweise in direkter Konkurrenz zu den Maklern. Sofern Vertreter dieser Institute an der Beaufsichtigung der Makler beteiligt würden, wäre es ihnen theoretisch möglich, Kenntnisse über geschäftliche Interna ihrer Wettbewerber zu erlangen.

Bei einer Betrauung der Maklerkammern mit der Aufsicht wären Interessenkonflikte nicht auszuschließen gewesen. Der enge geschäftliche Kontakt

[1] S. S. 41.

[2] § 34 c Abs. 4 GewO.

[3] BT-DrS 11/4177, S. 10 f., 14.

und die an den meisten Börsenplätzen geringe Zahl von Maklern könnten den notwendigen Abstand zu den zu beaufsichtigenden Maklern gefährden[4].

b) Die staatliche Überwachung wurzelt gleichzeitig im allgemeinen Börsenaufsichtsrecht[5]. Da er mit der amtlichen Kursfeststellung selbständig gesetzes- und satzungsmäßige Aufgaben der Börse wahrnimmt, kommt dem Kursmakler der Rang eines Börsenorganes zu[6], dessen Kontrolle der Börsenaufsichtsbehörde nach § 1 Abs. 2 BörsG obliegt. Eine Konkretisierung erfährt die Regelung der Staatsaufsicht durch die Vorschrift des § 30 Abs. 2 S. 3 BörsG, aufgrund derer der Landesregierung die Befugnis zukommt, nähere Bestimmungen über das Verhältnis der Kursmakler zu den Staatskommissaren und den übrigen Börsenorganen (Maklerordnungen) zu erlassen, letzteren also prinzipiell auch staatliche Aufsichtskompetenzen einzuräumen.

2. a) Die praktische Aufsichtsarbeit wird von Wirtschaftsprüfern geleistet[7], die aufgrund ihrer einschlägigen Sachkunde einen entsprechenden Auftrag der Aufsichtsbehörde erhalten.

b) Als Organe der Landesregierung und damit auch der Aufsichtsbehörde werden darüber hinaus weisungsgebundene Staatskommissare tätig (§ 2 Abs. 1 BörsG), die die Börsenveranstaltungen in regelmäßigen Abständen besuchen und sich bei dieser Gelegenheit über alle wichtigen Vorkommnisse und Entwicklungen informieren. Sie sind berechtigt, den Beratungen der Börsengremien sowie der Kursfeststellung beizuwohnen[8], und haben über Mängel und die Mittel zu ihrer Abstellung Bericht zu erstatten (§ 2 Abs. 1 S. 3 und 4 BörsG).

3. a) Soweit erforderlich, kann die Aufsichtsbehörde Anordnungen über das Führen von Büchern und das Anfertigen von Aufzeichnungen erlassen[9].

b) Die Prüfungen erstrecken sich auf die Einhaltung sämtlicher börsenrechtlicher Bestimmungen sowie auf die als Voraussetzung für den ordnungsgemäßen Börsenhandel notwendige wirtschaftliche Leistungsfähigkeit des Maklers[10]. Wegen der engen organischen Verbindung zur Preisermittlung ist Gegenstand einer Prüfung auch seine rein privatrechtliche Vermittlungstätigkeit[11].

---

[4] BT-DrS 11/4177, S. 11.

[5] A. A. ohne Begründung Meyer/Bremer (§ 7 Anm. 7 c), der allgemeine Börsenaufsicht und die Aufsicht über Kursmakler begrifflich trennen will.

[6] Schwark, § 2 Rdnr. 4; Nußbaum, § 30 Anm. V a; Podlinski, S. 59; a. A. Göppert, S. 184; Huber, S. 633 f.

[7] § 8 a Abs. 2 S. 1 BörsG; s. a. BT-DrS 11/4177, S. 11.

[8] Schwark, § 2 Rdnr. 3.

[9] § 8 a Abs. 3 Nr. 1 BörsG.

[10] § 8 a Abs. 2 S. 3 BörsG.

[11] Nußbaum, § 30 Anm. V a.

4. Die Annahme, die Aufsichtsbefugnis trage die Züge einer Dienstaufsicht und umfasse deshalb eine gewisse Leitungsmacht[12], widerspricht der Konzeption des Börsengesetzes, dergemäß Börsenveranstaltungen nicht den Charakter einer staatlichen Einrichtung erhalten sollten[13]. In Anbetracht des Rechtes der Börsen auf Ausübung einer Selbstverwaltung[14] ist vielmehr davon auszugehen, daß sich die Kontrolle mangels abweichender Regelung auf eine beobachtende Tätigkeit[15] und damit eine Rechtsaufsicht zu beschränken hat[16]. Zu würdigen sind aus diesem Grunde ausschließlich Rechtmäßigkeitsgesichtspunkte, also etwa, ob der Makler seiner Verpflichtung zur Kursfeststellung in hinreichendem Maße nachkommt bzw. ob er die Geschäftslage des Verkehrs an der Börse (§ 29 Abs. 3 BörsG) im gebotenen Umfange berücksichtigt[17].

5. Bei Verstoß gegen bestehende Pflichten kann die Tätigkeit des Maklers durch die verbindliche Feststellung beanstandet werden, daß das bezeichnete Verhalten rechtswidrig gewesen sei[18].

Unzulässig ist die Erteilung von Weisungen im Zusammenhang mit der Kursfeststellung; ein eventuell anwesender Staatskommissar ist nicht befugt, in das Börsengeschehen einzugreifen[19]. Aufgrund der Börsenselbstverwaltungsgarantie ebenfalls verwehrt ist der Staatsaufsicht die nachträgliche Korrektur einer Kursnotiz[20].

Nach grober Pflichtverletzung droht dem Makler allerdings eine vorläufige Untersagung der Amtsausübung oder gar die Entlassung[21].

II. Die Aufsicht durch Organe der Börsenselbstverwaltung

1. Die Aufsicht durch die Kursmaklerkammer

Zu dem Aufgabenkreis der Kursmaklerkammer zählt es regelmäßig, über das Ansehen ihrer Mitglieder zu wachen und für die lautere und gewissen-

[12] So Matthes, S. 205.

[13] Bremer, GdB, S. 59.

[14] Schwark, Einl. zum BörsG, Rdnr. 55 f.

[15] Schwark, § 2 Rdnr. 1.

[16] Schwark, § 30 Rdnr. 18; Bremer, GdB, S. 59; Podlinski, S. 68.

[17] Schwark, § 30 Rdnr. 18.

[18] Schwark, § 1 Rdnr. 37.

[19] Obst/Hintner, 37. Aufl., S. 842.

[20] Huber, S. 635.

[21] S. z. B. § 5 Abs. 1 und 3 MaklerO Frankfurt; Einzelheiten s. S. 187.

hafte Berufsausübung der amtlichen Makler Sorge zu tragen[22]. Eine besondere Bedeutung kommt in diesem Zusammenhang der Kontrolle der Preisfeststellung (§ 29 Abs. 1 S. 2 BörsG) zu.

Da durch das Recht der Börsen auf Selbstverwaltung nicht begrenzt, reichen die Befugnisse der Kammer prinzipiell weiter als die der allgemeinen Staatsaufsicht. Sie enthalten gleichzeitig Elemente der Fach- wie auch der Dienstaufsicht[23]. Die Kammer ist aus diesem Grunde unter anderem befugt, einen oktroyierten Beauftragten einzusetzen, sofern der Makler seine Pflichten vernachlässigt. Die eigenverantwortliche Festsetzung amtlicher Kurse ist ihr nach dem eindeutigen Wortlaut der §§ 29 Abs. 1, 30 Abs. 1 S. 1 BörsG verwehrt[24]. Ferner steht der Kammer eine Richtlinienkompetenz hinsichtlich der gesamten Amtsausübung des Maklers zu. Demzufolge finden sich etwa Formvorschriften für die Führung von Tagebüchern und die Erstellung von Schlußnoten oder Anweisungen für die Abwicklung von Kompensationsgeschäften[25].

Die Befugnis, einen Pflichtenverstoß zu sanktionieren, ist an den einzelnen Börsenplätzen unterschiedlich ausgestaltet[26]. Teilweise können Geldbußen verhängt[27] werden; im übrigen bestehen ausschließlich Beanstandungsrechte[28]. Insgesamt ist allerdings eine gewisse Zurückhaltung der Kammern zu konstatieren, mit Mitteln gegen die eigenen Mitglieder vorzugehen, die man im Grunde der staatlichen Aufsicht vorbehalten sehen möchte[29].

Bei Wahrnehmung von Eingriffskompetenzen handelt die Kursmaklerkammer als Behörde[30], eine getroffene Maßnahme ist als Verwaltungsakt vor den Verwaltungsgerichten anfechtbar.

---

[22] S. etwa § 16 MaklerO Düsseldorf. Die Aufsichtskompetenz für eine Börse ohne Kammer kann auf einen Vertrauensmann oder Vorsitzenden der amtlichen Makler übertragen werden (Bremer, GdB, S. 90).

[23] Podlinski, S. 67; s. a. Huber, S. 633.

[24] Schwark, § 30 Rdnr. 17. Die durch Schwark, a.a.O., vertretene Meinung, die Kammer könne auch zur Ersatzvornahme (wohl im Sinne der Selbstvornahme) schreiten, steht zu diesem Umstand in gewissem Widerspruch.

[25] S. Bremer, GdB, S. 91.

[26] Zu den Einzelheiten s. a. Podlinski, S. 67.

[27] §§ 27 ff. MaklerO Berlin, 21 ff. MaklerO Frankfurt.

[28] Z. B. § 26 MaklerO Hamburg.

[29] Berücksichtigt man ferner den Umstand, daß die für die Aufsicht zuständigen Mitglieder der Kammer im Grunde auch ihre eigene Tätigkeit zu überwachen haben, dann erscheinen Bedenken an der Effizienz der beschriebenen Regelung angebracht (s. a. S. 120 f.).

[30] Bremer, GdB, S. 91.

2. Die Aufsicht durch die Börsengeschäftsführung

Die Überwachung der gemäß §§ 32 Abs. 4, 7 Abs. 4 S. 1 Nr. 3 BörsG zu leistenden Sicherheiten erfolgt durch die Börsengeschäftsführung[31], da diese dem täglichen Börsengeschehen am nächsten steht und ihr eine besondere Sachkunde zukommt[32].

3. Die Aufsicht durch den Börsenvorstand

a) An den Börsen, an denen die amtliche Kursfeststellung in seinen Kompetenzbereich fällt[33], resultiert ein Recht des Börsenvorstandes, die entsprechende Tätigkeit eines Kursmaklers zu kontrollieren, aus dem Umstand, daß letzterer in einem solchen Fall ausschließlich als Hilfsperson fungiert.

b) Ferner vermag der Vorstand teilweise Einfluß auf die Eigengeschäftstätigkeit der Makler zu nehmen. So kann die Zulässigkeit des Eigenhandels von seiner Genehmigung abhängen[34]. Anderenorts findet sich etwa die Bestimmung, daß der Vorstand einem amtlichen Makler die Erteilung von Aufgabeschlußnoten sowie das Eingehen von Eigengeschäften verbieten und ihn damit auf eine Vermittlungstätigkeit beschränken darf, wenn dieser ungedeckte Posten nach Aufforderung durch den Börsensyndikus oder dessen Vertreter nicht innerhalb kürzester Frist glattstellt bzw. seine Sicherheiten verstärkt[35].

c) Als Börsenbesucher untersteht ein Kursmakler außerdem der börsenpolizeilichen Leitungsgewalt des Vorstandes (§ 8 BörsG). Die im öffentlichen Hausrecht wurzelnde[36] Kompetenz verleiht diesem das Recht, sämtliche Weisungen zur Aufrechterhaltung der Ordnung in den Börsenräumlichkeiten zu erteilen[37]. Das aufsichtsführende Mitglied des Vorstandes darf Störer des Saales verweisen, sie gegebenenfalls entfernen lassen[38] und ihnen den erneuten Zutritt zu den Börsenveranstaltungen verwehren[39].

---

[31] § 8 a Abs. 5 S. 1 BörsG.

[32] BT-DrS 11/4177, S. 11.

[33] S. S. 76 f.

[34] § 18 Abs. 1 S. 2 MaklerO Frankfurt. Eine solche Genehmigung wird zunächst zwar ausnahmslos erteilt (s. Schmidt, S. 17, Fn. 1), kann in Mißbrauchsfällen jedoch jederzeit widerrufen werden.

[35] S. Punkt 6. der Regeln für eine Engagementskontrolle der Makler in Berlin.

[36] Schwark, § 8 Rdnr. 1.

[37] Derartige Maßnahmen sind als Verwaltungsakte zu .qualifizieren (Schwark, § 8 Rdnr. 8).

[38] § 8 Abs. 2 BörsG i. V. m. z. B. § 9 BörsO Düsseldorf.

[39] § 8 Abs. 3 BörsG.

Als Verstoß gegen die Ordnung ist unter anderem die Erregung ungebührlichen Lärmes, die Äußerung von Beleidigungen gegenüber anderen Börsenbesuchern oder die Mißachtung bestehender Börsengebräuche zu werten[40].

Dem Zweck des öffentlichen Hausrechtes entspricht seine ausschließliche Beschränkung auf die Börsenräume und die offiziellen Börsenzeiten[41]. Unberührt davon bleibt allerdings das dem Eigentümer der Börsenräume zustehende (private) Hausrecht[42], das ebenfalls regelmäßig durch den Börsenvorstand ausgeübt wird.

Die Befugnis zur Disziplinierung eines Kursmaklers kommt dem Vorstand nicht zu[43], andererseits kann der Makler gegen die Verhängung einer Leitungsmaßnahme nicht einwenden, der Amtscharakter seiner Tätigkeit verleihe ihm einen Sonderstatus. Die Mißachtung von Weisungen kann jedoch ein „achtungsunwürdiges" Verhalten darstellen und Disziplinarmaßnahmen seitens der Kursmaklerkammer oder der Börsenaufsichtsbehörde nach sich ziehen[44].

Sofern der Börsenvorstand die Ordnungsgewalt nicht oder nicht im genügenden Maße ausübt, ist die Börsenaufsichtsbehörde aufgrund des § 8 Abs. 1 BörsG befugt einzuschreiten und Anordnungen zur Aufrechterhaltung der Ordnung an der Börse zu treffen[45].

III. Der Umfang des Prüfungsrechtes

1. Die jeweils aufsichtsführende Instanz übt ihr Prüfungsrecht bei gegebenem Anlaß mittels Buchungskontrollen, Einsichtnahme in die Hand- und Tagebücher sowie Befragung des Maklers aus[46].

Um seiner Verschwiegenheitspflicht[47] Genüge zu tun, ist der Kursmakler regelmäßig verpflichtet, in den Büchern die Namen der Auftraggeber zu verdecken, wenn deren Kenntnis ohne Bedeutung für die Untersuchung ist[48].

---

[40] Beyer-Fehling/Bock, § 8 Anm. 2.

[41] Schwark, § 8 Rdnr. 3.

[42] Zur Überlagerung des privaten durch das öffentliche Hausrecht s. Schwark, § 8 Rdnr. 5.

[43] Bis zum Jahre 1975 konnte nach § 8 Abs. 2 S. 2 BörsG etwa eine Geldstrafe verhängt werden; s. a. Hanke I, Bank-Information 1975, 14.

[44] Matthes, S. 209.

[45] Schwark, § 8 Rdnr. 6.

[46] S. z. B. §§ 30 Abs. 1 BörsO, 21 Abs. 2 MaklerO Düsseldorf.

[47] S. S. 62 f.

[48] S. etwa § 30 Abs. 2 BörsO Düsseldorf.

2. Zur Überwachung der geleisteten Sicherheiten kann die Börsengeschäftsführung von der jeweiligen Abrechnungsstelle die Liste der offenen Aufgabegeschäfte und die Mitteilung erheblicher negativer Kursdifferenzen verlangen[49].

3. Innerhalb von vier Monaten nach Abschluß des Geschäftsjahres hat der Kursmakler einen Jahresabschluß mit dem Bestätigungsvermerk eines Wirtschaftsprüfers bzw. einer Wirtschaftsprüfungsgesellschaft vorzulegen. Die Börsenaufsichtsbehörde hat ferner mindestens zweimal jährlich eine Prüfung vorzunehmen[50]. Zusätzliche Prüfungen sind zulässig und bedürfen keiner Begründung[51]. Anfallende Kosten sind von den Maklern zu tragen[52].

Um eine effektive Kontrolle sicherzustellen, kommt Widerspruch und Anfechtungsklage gegen eine Prüfungsmaßnahme der Aufsichtsbehörde im Sinne des § 8 a Abs. 2 BörsG eine aufschiebende Wirkung nicht zu[53].

---

[49] § 8 a Abs. 5 S. 2 BörsG.

[50] § 8 a Abs. 2 S. 1 und 2 BörsG.

[51] S. BT-DrS 11/4177, S. 15.

[52] § 8 a Abs. 2 S. 6 BörsG.

[53] § 8 a Abs. 6 BörsG.

N. Die Folgen eines Verstoßes gegen die Pflichtenstellung

I. Die zivilrechtliche Haftung des Maklers

1. Verletzt ein Kursmakler schuldhaft die ihm obliegenden Amtspflichten, so hat er als Beliehener einen entstehenden Schaden nach den Grundsätzen des § 839 BGB zu ersetzen[1]. Die eintretende Haftung trifft allerdings nicht die Behörde, die ihn bestellt hat. Da der amtliche Makler zu denjenigen Amtspersonen zählt, die auf den Bezug von Gebühren angewiesen sind[2], scheidet eine Anwendung des Art. 34 S. 1 GG nach § 1 Abs. 3 des Preußischen Staatshaftungsgesetzes[3] aus.

Ferner haftet der Makler jedem Auftraggeber gemäß § 98 HGB für einen durch sein Verschulden entstehenden Schaden, der aus der Verletzung der kraft Gesetzes oder Vertrages bestehender Pflichten resultiert[4]. Diese Verantwortlichkeit setzt nicht voraus, daß es tatsächlich zu einem Geschäftsabschluß gekommen ist. Sie setzt insbesondere schon dann ein, wenn der Makler das Zustandekommen eines Geschäftes schuldhaft vereitelt hat[5]. Das Verschulden eines Erfüllungsgehilfen, beispielsweise eines Kursmaklerstellvertreters[6], ist dem Makler gemäß § 278 BGB zuzurechnen.

Die Ersatzpflicht kann sich nicht nur auf das negative, sondern unter Umständen auch das positive Interesse richten, und zwar etwa dann, wenn das vorgesehene Geschäft wegen eines Verschuldens des Maklers nicht zustandegekommen ist[7].

2. Unterbleibt nach Abschluß eines Aufgabegeschäftes[8] die rechtzeitige Bezeichnung des Kontrahenten oder sind gegen diese Partei begründete Einwendungen zu erheben, dann ist der Auftraggeber berechtigt, von dem

---

1 Schwark, § 30 Rdnr. 2.

2 S. S. 63 ff. Gleichgültig ist in diesem Zusammenhang, ob man solchen „Gebühren" privat- oder öffentlich-rechtlichen Charakter zuerkennt (s. BGHZ 62, 372, 379).

3 Gesetz vom 1. August 1909 (GS, S. 691). Zur Anwendbarkeit dieser Vorschrift auch für Beamte im haftungsrechtlichen Sinne sowie zu ihrer Fortgeltung unter dem Regime des Grundgesetzes s. BGHZ 62, 372, 376 ff.

4 S. Schlegelberger-Schröder, § 98 Rdnr. 1.

5 S. Schlegelberger-Schröder, § 98 Rdnr. 3.

6 S. S. 117 ff.

7 Schlegelberger-Schröder, § 98 Rdnr. 4.

8 S. S. 51.

Makler die Erfüllung des Geschäftes zu verlangen. Diese verschuldensunabhängige[9] Verpflichtung ist ausgeschlossen, wenn sich der Auftraggeber auf die Aufforderung des Maklers nicht unverzüglich darüber erklärt, ob er Erfüllung verlange[10].

3. Eine gravierende Pflichtverletzung kann außerdem zur Folge haben, daß der Makler seinen Anspruch auf Zahlung einer Provision verliert[11].

II. Die strafrechtliche Verantwortlichkeit

In Ansehung seiner Mitwirkung bei der amtlichen Kursfeststellung wird der Makler als Beamter im strafrechtlichen Sinne tätig. Damit sind insbesondere die Vorschriften der §§ 331 bis 335 StGB einschlägig[12].

III. Die Disziplinierung von Kursmaklern

Hat sich eine zur Teilnahme am Börsenhandel zugelassene Person ein Verhalten zuschulden kommen lassen, das mit der Ehre oder dem Anspruch auf kaufmännisches Vertrauen unvereinbar ist, so kann der an der Börse gebildete Ehrenausschuß einen Verweis aussprechen, ein Ordnungsgeld bis zu DM 2.000,– verhängen oder den Börsenbesuch bis zu zehn Sitzungstagen verbieten.

Kursmakler und ihre Stellvertreter sind von dieser Spruchkompetenz ausdrücklich ausgenommen[13]. Diese besondere Regelung gründet sich auf dem Umstand, daß bereits eine Disziplinargewalt derjenigen Organe besteht, die zur Beaufsichtigung der Makler berufen sind[14]. Eine Häufung von Disziplinarmaßnahmen erschien unter diesem Aspekt unnötig[15]. Außerdem sollte wegen des Amtscharakters der Maklertätigkeit ausschließlich der Bestellungsbehörde die Kompetenz zukommen, einen Ausschluß vom Börsenhandel zu bewirken.

---

9 Schlegelberger-Schröder, § 98 Rdnr. 1.

10 § 95 Abs. 3 HGB.

11 § 654 BGB; s. auch S. 80.

12 Schwark, § 30 Rdnr. 2; a. A. Nußbaum, § 30 Anm. II b.

13 § 9 Abs. 1 S. 3 BörsG. Unzulässig wäre danach auch eine durch den Ehrenausschuß getroffene Feststellung, daß sich der Makler nicht gewissenhaft verhalten habe. Ein derartiger Ausspruch käme einem Verweis gleich.

14 Einzelheiten s. S. 122 ff.

15 Schwark, § 9 Rdnr. 7.

O. Die Beendigung der Kursmaklerstellung

Das Amt des Kursmaklers erlischt durch Tod, Erreichen der Altersgrenze oder Entlassung[1].

Keine Verwirklichung hat die Konzeption gefunden, die Bestellung für einen bestimmten Zeitraum auszusprechen und nach dessen Ablauf die Entscheidung über eine Verlängerung zu treffen. Man erkannte zwar die Gefahr, daß die jeweiligen Amtsinhaber einem Pfründendenken verfallen könnten, als ausschlaggebend erwies sich gleichwohl das Bestreben, die Abhängigkeit des Maklers vom Börsenvorstand, der bei der Entscheidung über die Bestellung einen nicht zu unterschätzenden Einfluß auszuüben vermag, zu minimieren und die Amtsführung auf diese Weise von der Sorge um eine „Wiederwahl" zu entlasten[2].

I. Die Beendigung durch Erreichen der Altersgrenze

Der Kursmakler erreicht die Altersgrenze mit Ablauf des Jahres, in dem er das 65. Lebensjahr vollendet.

1. Die Statuierung einer solchen Altersgrenze ist als zulässige Schranke der Berufswahl (in Gestalt einer subjektiven Zulassungsvoraussetzung) einzuordnen[3], da sie zum Schutze eines wichtigen Gemeinschaftsgutes festgelegt ist und nicht zu einer unzumutbaren, außer Verhältnis zum angestrebten Zweck stehenden Belastung des Maklers führt[4].

Das schützenswerte Gemeinschaftsgut besteht im Interesse der Öffentlichkeit an einer reibungslosen und wahren Kursbildung, die die Marktverhältnisse vollständig widerspiegelt. Die konkrete Gefährdung des genannten Interesses braucht nach Erreichen einer allgemein anerkannten Altersgrenze nicht nachgewiesen zu werden. In einem solchen Fall kann man vielmehr vorbeugend und verallgemeinernd unterstellen, daß die Leistungsfähigkeit des Berufstätigen gemindert sei[5].

---

[1] S. etwa § 5 MaklerO Düsseldorf.

[2] S. Tilly, S. 174.

[3] BVerfGE 9, 338, 345.

[4] Zur Zulässigkeit einer subjektiven Zulassungsschranke s. etwa BVerfGE 7, 377, 403; E 13, 97, 107.

[5] OVG Berlin, JR 1965, 115.

Aus dem Umstand, daß eine staatliche Altersversorgung für Kursmakler nicht besteht[6], läßt sich auch nicht die Annahme herleiten, die in Rede stehende Altersgrenze bedeute eine unzumutbare Belastung. Nach dem Ausscheiden aus dem Amte bleibt es einem Makler unbenommen, sein Gewerbe als nunmehr ausschließlich privatrechtlich tätiger Börsenmakler fortzusetzen. Außerdem finden sich regelmäßig Übergangsregelungen, nach denen die Amtszeit auf Antrag bis zu drei Jahren verlängert werden kann[7].

2. Im Hinblick auf Art. 12 Abs. 1 S. 2 GG resultieren zwar Bedenken aus der Form der Grundrechtsbegrenzung, die sich üblicherweise in der einschlägigen Maklerordnung, also einer Rechtsverordnung, findet[8]. Diese Bedenken tragen letztlich jedoch nicht. Zu berücksichtigen gilt es, daß dem Staat eine Ordnungskompetenz hinsichtlich des durch den Kursmakler ausgeübten Amtes zusteht. Insoweit kommt zumindest auch die Vorschrift des Art. 33 GG zur Anwendung, der Einschränkungen der Berufswahl nicht nur in weiterem Umfange als Art. 12 GG zuläßt, sondern gleichzeitig eine staatliche Zuständigkeit zur konkreten Ämterorganisation begründet[9].

II. Die Beendigung durch Entlassung

Die Entlassung eines amtlichen Maklers kann ausschließlich durch die Börsenaufsichtsbehörde vorgenommen werden[10].

Der Makler ist jederzeit berechtigt, die Entbindung von seinen Pflichten zu beantragen[11]. Die Behörde muß diesem Verlangen mit Wirkung zum angegebenen Zeitpunkt entsprechen[12], sofern die ordnungsgemäße Abwicklung der laufenden Amtsgeschäfte gesichert erscheint.

Ferner ist die Entlassung auszusprechen[13], wenn der Makler nicht mehr in der Lage ist, sein Amt ordnungsgemäß auszuüben[14]. Der Grund für eine

---

[6] S. S. 132.

[7] Z. B. §§ 6 Abs. 2 MaklerO Düsseldorf und Bremen.

[8] Anders nach dem Gesetz über eine Altersbegrenzung für Kursmakler an der Berliner Börse vom 4. Oktober 1961 (GVBl. für Berlin, S. 1456).

[9] S. a. S. 24.

[10] S. z. B. § 5 MaklerO Frankfurt, § 7 Abs. 1 S. 2 sowie § 8 MaklerO Düsseldorf.

[11] Z. B. § 7 Abs. 1 S. 1 MaklerO Düsseldorf.

[12] Z. B. § 7 Abs. 1 S. 2 MaklerO Düsseldorf.

[13] Teilweise finden sich Differenzierungen dergestalt, daß die Entlassung in bestimmten Fällen grundsätzlich erfolgen muß, während die Entscheidung im übrigen nach pflichtgemäßem Ermessen zu treffen ist (z. B. § 15 MaklerO Berlin).

[14] Z. B. § 5 Abs. 1 Nr. 3 MaklerO Frankfurt.

solche Unfähigkeit bleibt regelmäßig unbeachtlich. Eine Entlassung kann daher beispielsweise ausgesprochen werden, wenn die finanziellen Mittel des Maklers nicht (mehr) ausreichen[15], bei krankheitsbedingter Unfähigkeit, den bestehenden Verpflichtungen nachzukommen[16], oder auch im Falle des Verlustes der Börsenfähigkeit nach § 7 BörsG[17]. Außerdem schreitet die Behörde ein, falls der Makler eine grobe Pflichtverletzung begeht[18] oder ein Verhalten zeigt, das ihn des für die Ausübung seines Berufes erforderlichen Vertrauens unwürdig erscheinen läßt[19]. Dieser Tatbestand ist insbesondere dann erfüllt, wenn der Makler aus Gründen gerichtlich verurteilt wird, die bei einem Landesbeamten die Entlassung nach sich ziehen[20].

In dringenden Fällen kann einem Makler die Tätigkeit vorläufig untersagt werden[21].

Vor Einleitung der genannten Maßnahmen sind in der Regel Kursmaklerkammer und Börsenvorstand zu hören.[22] Die getroffenen Entscheidungen werden durch Aushang im Börsensaale bekannt gemacht[23].

---

15 Etwa wegen Vermögensverfalles oder gerichtlicher Anordnung von Verfügungsbeschränkungen (s. z. B. § 8 Abs. 1 lit. b MaklerO Düsseldorf).

16 Z. B. § 8 Abs. 1 lit. c MaklerO Düsseldorf.

17 Göppert, S. 160.

18 Z. B. § 5 Abs. 1 Nr. 1 MaklerO Frankfurt.

19 Z. B. § 5 Abs. 1 Nr. 2 MaklerO Frankfurt. Nach den geltenden Bestimmungen ist es hingegen nicht zulässig, einen Kursmakler aus dem Amte zu entfernen, der der zuständigen Behörde fachlich ungeeignet erscheint.

20 Z. B. § 8 Abs. 1 lit. a MaklerO Düsseldorf.

21 Z. B. § 9 Abs. 2 MaklerO Düsseldorf, § 5 Abs. 3 MaklerO Frankfurt.

22 Z. B. §§ 8 Abs. 3, 9 Abs. 1 S. 1 MaklerO Düsseldorf.

23 Z. B. §§ 8 Abs. 4 MaklerO Düsseldorf, 9 Abs. 4 MaklerO Frankfurt.

P. Die Altersversorgung der Kursmakler

Eine staatliche Altersversorgung für Kursmakler existiert trotz verschiedener in diese Richtung zielender Anregungen[1] derzeit nicht[2]. Allerdings läßt sich auch aus verfassungsrechtlichen Gesichtspunkten ein entsprechender Handlungszwang nicht ableiten, und zwar selbst nicht im Hinblick darauf, daß Kursmakler ihr Amt regelmäßig mit Eintritt in das 65. Lebensjahr niederzulegen haben. Eine weitere Tätigkeit als freier Börsenmakler steht ihm nämlich durchaus offen[3].

Die Schaffung von Fürsorge- und Versorgungseinrichtungen im Rahmen der Maklerkammer bleibt der Kursmaklerschaft unbenommen[4]. Auch andere vertragsautonome Lösungen sind denkbar. So hat jeder an der Börse in Düsseldorf bestellte Makler bei Ausscheiden den Anspruch auf Auszahlung eines bestimmten Betrages aus dem gemeinsamen Courtagepool[5].

---

[1] Stenographische Berichte des Berliner Abgeordnetenhauses, 3. Wahlperiode, 71. Sitzung v. 28.9.1961, S. 287 ff. (zitiert nach OVG Berlin, JR 1965, 115).

[2] Ein historisches Beispiel bilden die entsprechenden Regelungen der MaklerO Berlin v. 25.7.1934 [s. Ministerialblatt für Wirtschaft und Arbeit 1934, 277 (zitiert nach OVG Berlin, JR 1965, 115)].

[3] OVG Berlin, JR 1965, 115.

[4] S. a. § 21 Abs. 2 MaklerO Berlin. Derartige Stellen weisen weder den Charakter von Börsenorganen noch von Einrichtungen im Sinne des § 1 Abs. 3 BörsG auf (Schwark, § 30 Rdnr. 17).

[5] Derzeit in Höhe von 4,5 Monatsanteilen.

Q. Die gegenwärtigen Entwicklungen im Börsenwesen

I. Die Internationalisierung des Wertpapierhandels

Die traditionellen Wertpapierbörsen befinden sich derzeit auf nationaler wie internationaler Ebene in einer Phase nachhaltiger struktureller Umbrüche. Den Hauptgrund für diese Entwicklung bildet die Tatsache, daß das enorme Gefälle zwischen Regionen unterschiedlicher Kapitalbedürftigkeit im Zeitalter weltweiter Kommunikation und fortschreitender Liberalisierung des Kapitalverkehres nach einem zunehmend weiträumigen Ausgleich strebt.

Die damit verbundene Internationalisierung des Verkehrs von Beteiligungs- und Forderungsrechten vollzieht sich in mehreren eng miteinander verknüpften Formen. In erster Linie findet der Handel eines Wertpapieres zwar auf den Märkten des Staates statt, nach dessen Recht seine Emission erfolgt ist, entsprechende Umsätze kommen in vermehrtem Maße aber auch anderenorts vor. Dieser generelle Trend läßt sich etwa an der wachsenden Zahl offizieller Zulassungen von Effekten an fremden Handelsplätzen ablesen, dürfte sich aber noch stärker im außerbörslichen Bereich niederschlagen[1]. Die Verbindungen zwischen den einzelnen Märkten werden ständig intensiviert. Förmliche Kooperationsabkommen, die momentan primär auf den Austausch von Kursinformationen gerichtet sind, könnten letztlich eine internationale Arbeitsteilung dergestalt ermöglichen, daß ein Börsenhandel über sämtliche Zeitzonen hinweg, also „rund um die Uhr" stattfindet[2]. Schließlich kann man die Etablierung supranationaler Wertpapiermärkte konstatieren, auf denen die Handelsteilnehmer ungeachtet staatlicher Grenzen (außerbörslich) Abschlüsse tätigen[3].

II. EG-rechtliche Entwicklungen

Besondere Bedeutung für die erfolgreiche Verwirklichung des gemeinsamen europäischen Marktes kommt der Harmonisierung solcher Vorschriften zu, die die Tätigkeit der Finanzdienste regeln.

---

1 S. Stanzel, ÖBA 1986, 520.

2 Hauck, Das Wertpapier 1987, 1006 f.; Brestel, FAZ v. 26.1.85; Eizenga, Die Sparkasse 1985, 470; Stanzel, ÖBA 1986, 520.

3 Das derzeit wohl bedeutendste Beispiel für einen solchen Handel bildet der Markt für Eurobonds (s. Stanzel, ÖBA 1986, 519; HB v. 6.6.88).

Für das Recht des Kursmaklers ist in diesem Zusammenhang die EG-Richtlinie über Wertpapierdienstleistungen von Interesse, die bislang im Entwurf vorliegt[4].

1. Hauptziel der Richtlinie ist die Fixierung eines Zulassungsverfahrens für solche Personen, die eine oder mehrere der in ihren Anwendungsbereich fallenden Dienstleistungen erbringen wollen[5]. Zu diesen Dienstleistungen zählt unter anderem die Entgegennahme von Anlegeraufträgen zum Kauf bzw. Verkauf übertragbarer Wertpapiere und/oder die Ausführung derartiger Aufträge an einer Börse gegen Entrichtung einer Provision, mithin Maklertätigkeit[6].

Die Geschäftsaufnahme eines Dienstleistungsträgers — in der Richtlinie als „Wertpapierfirma" bezeichnet — hängt von einer Zulassung in seinem Herkunftsstaat ab[7], die von den zuständigen Stellen unbeschadet weiterreichender nationaler Vorschriften ausgesprochen wird, wenn[8]

— ausreichende Eigenmittel zur Verfügung stehen;
— die Geschäftsleiter gut beleumundet sind und ausreichende Erfahrung besitzen;
— die Inhaber einer qualifizierten Beteiligung die erforderliche Eignung besitzen.

Wertpapierfirmen, denen in ihrem Herkunfts-Mitgliedsstaat bereits vor Inkrafttreten der Richtlinie eine Zulassung für Wertpapierdienstleistungen erteilt wurde, gelten im Sinne der Richtlinie als zugelassen, sofern die Zulassung — wie im Falle des Kursmaklers[9] — unter Bedingungen erteilt wurde, die den eben genannten gleichwertig sind. Mit der Zulassung erhält die Wertpapierfirma die Erlaubnis, die betreffende Dienstleistung in der Gemeinschaft grenzüberschreitend zu erbringen oder Zweigniederlassungen in den anderen Mitgliedsstaaten zu gründen, ohne daß es einer weiteren Zulassung bedarf[10].

2. Ein weiteres Ziel der Richtlinie bildet die Liberalisierung des Zuganges zur Börsenmitgliedschaft (einschließlich der Mitgliedschaft an Termin- und Optionsmärkten) in den Aufnahme-Mitgliedstaaten für solche Wertpapierfirmen, die in ihrem Herkunfts-Mitgliedstaat zur Erbringung der betreffenden Dienstleistung zugelassen sind[11].

---

[4] Vorschlag der Kommission vom 16. Dezember 1988, abgedruckt in ZIP 1989, 192 ff.

[5] Allgemeine Begründung zum Richtlinien-Vorschlag, ZIP 1989, 192.

[6] Vgl. Anhang zum Richtlinien-Entwurf, Abschnitt A Nr. 1 sowie Abschnitt B Nr. 1.

[7] Art. 4 Abs. 1 S. 1 der Richtlinie.

[8] Art. 4 Abs. 2 der Richtlinie.

[9] Zu den Voraussetzungen der Bestellung zum Kursmakler s. S. 22 ff.

[10] Prinzip der Niederlassungs- und Dienstleistungsfreiheit, Art. 10 Abs. 2 der Richtlinie.

[11] Allgemeine Begründung zum Richtlinienvorschlag, ZIP 1989, 193.

Die Firmen sollen in diesem Zusammenhang wählen können, ob sie
— direkte Mitglieder der Börsen oder der geregelten Wertpapiermärkte werden wollen, indem sie eine Zweigniederlassung im Aufnahmemitgliedstaat gründen;
oder
— indirekte Mitglieder werden, indem sie eine Tochtergesellschaft im Aufnahmemitgliedstaat gründen oder eine bestehende Mitgliedsfirma erwerben.

3. Für die Überwachung der finanziellen Gesundheit der Wertpapierfirma sowie die Kontrolle, ob die Firma sonstige wesentliche aufsichtsrechtliche Regeln einhält, werden — soweit möglich — die Aufsichtsorgane des Herkunfts-Mitgliedsstaates zuständig sein (Prinzip der Heimatlandkontrolle)[12]. Die Richtlinie normiert insbesondere auch dezidiert, welche Schutzvorschriften von den Mitgliedstaaten zu kodifizieren sind[13]. Die Kompetenz zur Statuierung von Geschäftsusancen, das heißt zur Regelung der Beziehungen zwischen Wertpapierfirmen und ihren Kunden, verbleibt dagegen zunächst den Behörden des Aufnahmelandes[14].

III. Die Bestrebungen zur Reformierung des deutschen Börsenwesens

Die Internationalisierung des Handels hat einen wachsenden Konkurrenzdruck erzeugt und Aktivitäten deutscher Börsenverantwortlicher ausgelöst, die verhindern sollen, daß die hiesigen Märkte „künftig allenfalls noch ein Dasein für den Handel in Lokalwerten sowie für den Spitzenausgleich in großen internationalen deutschen Wertpapieren fristen"[15].

1. Die Schaffung eines einheitlichen deutschen Börsenplatzes

Da Kapitalströme naturgemäß dorthin fließen, wo neben einem ansprechenden Angebot Transparenz, Marktbreite und niedrige Transaktionskosten die Basis für günstige Abschlüsse bieten[16], und ferner ein Bedürfnis der Anleger besteht, einen jederzeit funktionierenden Markt vorzufinden[17], sind

[12] Einzelheiten zur Aufsicht s. Art. 14 ff. der Richtlinie.

[13] S. Art. 9 der Richtlinie.

[14] Allgemeine Begründung zum Richtlinien-Vorschlag, ZIP 1989, 193.

[15] Entsprechende Befürchtungen s. bei A. Müller, Die Sparkasse 1986, 378.

[16] A. Müller, Die Sparkasse 1986, 378.

[17] Zur Diskussion um die Ausweitung der Börsenzeiten s. etwa FAZ v. 19.10.87.

Bestrebungen im Gange, einen hochtechnisierten, nach außen einheitlichen Markt zu schaffen, den „Finanzplatz Deutschland"[18].

Hinsichtlich der Organisation dieses Marktes bestehen zur Zeit im wesentlichen zwei verschiedene Modellvorstellungen[19]. Zum einen erwägt man, den Standort Frankfurt als Zentralbörse dadurch auszubauen, daß der gesamte Handel in Standardwerten von den übrigen Börsen abgezogen und an diesem Platz konzentriert wird[20]. Diesem Plan, der den Regionalbörsen lediglich das Geschäft in „Spezialitäten" zubilligt und im Ergebnis ihre Existenzberechtigung in Frage stellt, steht der Vorschlag gegenüber, einen überregionalen Handelsverbund zu verwirklichen[21], in dessen Rahmen eine zentrale Ermittlung gerechneter Kurse sowie ein platzübergreifender variabler Handel zumindest für umsatzstarke Papiere stattfindet[22].

Bislang haben die Bemühungen zur Neuordnung der Arbeitsgemeinschaft der deutschen Wertpapierbörsen[23] sowie zur Verbesserung der Informations- und Abwicklungskanäle zwischen den deutschen Börsenplätzen geführt[24]. Als nächster Schritt zur Bildung eines funktionierenden „Finanzplatzes Deutschland" erscheinen nunmehr Aktivitäten erforderlich, sämtlichen an einer deutschen Börse zugelassenen Handelsteilnehmern de lege ferenda die Befugnis einzuräumen, ohne Beschränkung auf einem bestimmten Börsenplatz zu agieren[25].

2. Die Technisierung der Auftragserteilung

Zur Beschleunigung der Geschäftsabwicklung ist an die Einführung eines sogenannten „order-routing Systems" gedacht. Die Anleger erteilen dabei ihre Aufträge den als Kommissionären tätigen Kreditinstituten, die sie auf elektronischem Wege an die Datenverarbeitungsanlagen der Börsen übermitteln[26]. Der zuständige Kursmakler nimmt per Terminal Zugriff auf die für

---

[18] Schwark, Gutachten I, S. 88 ff.

[19] Vgl. Schwark, Gutachten I, S. 88 ff.

[20] S. FAZ v. 28.1.89.

[21] S. HB v. 25.1.89.

[22] Eizenga, Die Sparkasse 1985, 470. Im Hinblick darauf, daß die rechtliche Selbständigkeit der Börsen jedenfalls nach dem gegenwärtigen Stand der Überlegungen erhalten bleiben soll, könnte der an einer Einzelbörse zuständige amtliche Makler die zentral festgesetzten Preise zur Notiz an seiner „Heimatbörse" übernehmen und dadurch rechtlich zu eigenen machen.

[23] S. etwa A. Müller, Die Sparkasse 1986, 379 f.

[24] Zur Schaffung eines Rechenzentrums, durch das sämtliche an einer deutschen Börse getätigten Geschäfte abgewickelt werden, s. M. Müller, WiWo v. 17.2.89, 60.

[25] Entgegenstehende Vorschriften wie etwa § 63 BörsO Düsseldorf müßten zu diesem Zwecke beseitigt werden.

ihn relevanten Daten, führt die Aufträge soweit als möglich aus und meldet den Geschäftsschluß auf ebenfalls elektronischem Wege an die beteiligten Kreditinstitute zurück[27].

3. Die Automatisierung von Handel und Kursfeststellung

Die Anwendung moderner Technik hat gleichzeitig Überlegungen in Gang gesetzt, sowohl Handel wie Kursfeststellung künftig vollständig automatisierten Systemen zu übertragen[28]. Eingehende Aufträge könnten durch eine Datenverarbeitungsanlage nach festgelegten Prioritäten ausgeführt, die erforderlichen Buchungen auf Konten und Depots der Auftraggeber selbsttätig vorgenommen werden[29].

IV. Die Tendenzen zur Einführung von Marketmaker-Systemen

1. Allgemeines

Während durch die geplante Einführung eines order-routing-Systemes an deutschen Börsen[30] der Weg zur computerunterstützten Börse beschritten wird, vollzieht sich auf dem Gebiet der „Trading"-Systeme, die insbesondere im angelsächsischen Raum verbreitet sind, die Entwicklung zur reinen Computerbörse.

Ein Trading-System wird durch sogenannte Marketmaker organisiert, das heißt von Unternehmen, die als Eigenhändler auftreten und ihre Bereitschaft, in einem bestimmten Wertpapier zu handeln, dadurch zum Ausdruck bringen, daß sie interessierten Marktteilnehmern auf Anfrage zwei Kurse nennen: einen Geldkurs, zu dem sie Käufe tätigen, sowie einen darüber liegenden Briefkurs, der den gültigen Verkaufspreis angibt[31]. Die Spanne zwischen beiden Kursen dient sowohl der Kostendeckung wie der Gewinnerzielung[32]. Im Gegensatz zur Preisfindung nach dem Einheitskurssystem[33], die auf der

---

26 Auch solche Abschlüsse sind als Börsengeschäfte einzustufen (s. § 7 Abs. 1 S. 2 BörsG). Daneben könnte der traditionelle Handel „auf dem Parkett" mittels Zuruf oder Übergabe einer schriftlichen Order erhalten bleiben.

27 Schwark, Gutachten I, S. 84 f.; Kümpel, WM 1989, 1314.

28 S. Gerke, S. 16 f.; Schwark, Gutachten I, S. 86 f.

29 Gerke, S. 31.

30 S. S. 136 f.

31 Je nach Ausgestaltung des Verfahrens kann eine Verpflichtung bestehen, zu den genannten Kursen auch Geschäfte zu tätigen.

32 S. Schwark, Gutachten I, S. 24 f.

33 S. S. 38 f.

Grundlage tatsächlich erteilter Orders stattfindet, versucht der Marketmaker demnach, die jeweilige Marktlage so genau zu erfassen, daß die von ihm festgesetzten Preise mit annähernder Sicherheit Umsätze zulassen[34]. Aufträge der Investoren treten auf diese Weise einer fertigen, völlig abstrakt durchgeführten Kursformulierung gegenüber, die der sich verändernden Marktsituation ständig angepaßt wird[35].

Ein Marketmaker spezialisiert sich regelmäßig auf den Handel in bestimmten Wertpapieren; bei seiner Tätigkeit ist er häufig der Konkurrenz anderer Eigenhändler ausgesetzt. Ein Anleger bzw. der von ihm beauftragte Kommissionär kann daher üblicherweise zwischen verschiedenen Geboten wählen, steht andererseits aber vor der Aufgabe, den ihm günstigsten Abschluß zu suchen.

2. Die Automatisierung der Marketmaker-Systeme

Vor Einführung der elektronischen Datenverarbeitung mußte man zu dem genannten Zwecke die verschiedenen Marketmaker einzeln ansprechen. Dieser Vorgang ist durch die Schaffung automatisierter Informationssysteme, in die die Marketmaker Angaben über ihre Handelsbestände einspeisen, wesentlich erleichtert worden. Ein Interessent kann die jeweiligen Gebote abrufen und sich gleichzeitig über den bisherigen Handelsverlauf informieren. Zum Abschluß eines Geschäftes hat er sich mit dem ausgewählten Anbieter in Verbindung zu setzen[36].

Einen weiteren Schritt zur Erhöhung der Umschlaggeschwindigkeit bedeutet die Schaffung der sogenannten Computerbörsen. Diese Handelssysteme etablieren sich gegenwärtig im außerbörslichen Bereich[37] und beginnen, den „klassischen" Börsen in verstärktem Maße Umsätze zu entziehen. Kernstück eines solchen Systems ist das „elektronische Skontro", in dem sich — nach Wertpapiergattungen getrennt — sämtliche verfügbaren Handelsbestände übersichtlich zusammengestellt finden. Nach Zugriff über Terminal läßt sich durch einfache Befehlsfolge jede beliebige Skontroposition ansteuern und eine Ausführungsorder erteilen. Möglich ist es regelmäßig auch, per Knopf-

---

[34] Schwark, Gutachten I, S. 34. Dieses Handelssystem wird daher auch als „dealing by making a price" bezeichnet (s. Bürger, S. 71).

[35] Bürger, S. 69 ff.

[36] Als Beispiele für diesen „computergestützten" Handel, der ständig an Bedeutung gewinnt, seien das NASDAQ-System/USA, das SEAQ-System/England und das von Reuters betriebene Multicontributor-System genannt (s. Zwätz, HB v. 11.2.87). Auch das Inter-Banken-Informations-System (IBIS), in dem Teile des außerbörslichen Handels abgewickelt werden, gehört diesem Typus an (vgl. HB v. 14.6.89; Breuer, Die Bank 1989, 412 f.).

[37] Beispiel: Das ebenfalls von Reuters eingeführte INSTINET-System (s. etwa Schwark, Gutachten I, S. 86 f.).

druck den günstigsten Abschluß zu tätigen. Durch das beschriebene Verfahren können beide Parteien — falls gewünscht — ihre Anonymität wahren[38].

V. Die Konsequenzen aus den gegenwärtigen Entwicklungen auf die Stellung des Kursmaklers

1. Die beschriebene Tendenz zur Einführung automatisierter Systeme führt zur Auflösung der traditionellen Präsenzbörse. Sollte sie sich durchsetzen, dann wird das Bild nicht mehr durch den zeitlich begrenzten Handel „auf dem Parkett" geprägt, der im wesentlichen von Maklern betrieben wird, sondern durch einen ständigen Effektenverkehr „von Büro zu Büro"[39].

2. Eine Ausweitung der Marketmaker-Systeme[40] würde die Bedeutung des amtlichen Maklers ebenfalls erheblich schmälern. Unter den gegebenen Bedingungen verlöre er an Wettbewerbsfähigkeit, da der Eigenhandel einen Einsatz enormer finanzieller Mittel verlangt, über die ein Makler als Einzelperson im Gegensatz zu den im Eigenhandel konkurrierenden Kreditinstituten kaum verfügen dürfte.

Weiter eingeengt würde sein Spielraum durch die notwendig bedingte Aufhebung des derzeit festgefügten Courtagesystems[41], das im gewissen Rahmen auch der Eigenkapitalbildung dient.

VI. Die Vorzüge eines durch Kursmakler organisierten Handels

1. Die Einführung einer elektronischen Vermittlungsstelle[42] wirft eine Reihe rechtlicher Probleme auf.

Stellt man sich auf den Standpunkt, eine solche Stelle sei nicht als eine an einem Ort stattfindende Zusammenkunft von Kaufleuten anzusehen und damit keine genehmigungspflichtige Börse im Sinne des § 1 Abs. 1 BörsG[43], dann entstünde ein rechtsfreier Raum, in dem die gesetzlichen Vorschriften über den Anlegerschutz, insbesondere bezüglich der Zulassung von Personen zum Börsenhandel sowie der Beaufsichtigung der Börsenmitglieder, keine

---

38 Einzelheiten s. FAZ v. 19.6.86.

39 S. M. Müller, WiWo v. 17.2.89, 54 f. Zum Problem, ob diese Entwicklung eine Neudefinition des Börsenbegriffes notwendig macht, s. Schwark, Gutachten II, S. 32 ff. Zum überkommenen Börsenbegriff vgl. Schwark, § 1 Rdnr. 1 ff.

40 Zu den Plänen, das Marketmaker-System für Vor-, Nach- und Optionsbörse einzuführen, s. BZ v. 9.6.87; Ebenroth, ZIP 1988, 205 ff.; HB v. 14.6.89.

41 S. S. 65 ff.

42 S. S. 137.

43 S. Gerke, S. 16.

Wirksamkeit entfalten können. Auch nach Einbindung in die bestehende Börsenorganisation, etwa im Wege einer extensiven Auslegung des Börsenbegriffes, bedürfte es einer zusätzlichen Anpassung der börsengesetzlichen Bestimmungen über das Maklerwesen, die die Zulassung eines elektronischen Systems als „Vermittler“ nicht vorsehen.

Weiter bleibt zu bedenken, daß durch Einführung einer elektronischen Vermittlungsstelle die Vorteile entfielen, die aus der Tätigkeit „menschlicher“ Makler resultieren. Bereits der Umstand, daß der Kursmakler durch den Abschluß von Eigengeschäften eine marktglättende Funktion wahrnimmt[44] und außerdem bei Feststellung der Kurse einen gewissen Ermessensspielraum ausfüllt[45], weist darauf hin, daß seine Tätigkeit kein rein mechanisch durchzuführendes Rechenexempel darstellt.

2. Den Marketmaker-Systemen ist die durch amtliche Makler durchgeführte Auktionsbörse[46] hinsichtlich der Qualität der Preisfeststellung überlegen. Die Kursangaben der einzelnen Marketmaker geben ausschließlich ihre persönliche Markteinschätzung wieder und weichen daher nicht selten stark voneinander ab. Schon dieser Umstand zeigt, daß solchen Geboten nicht dieselbe Aussagekraft zukommt wie einem Kurs, der sich öffentlich in Anwesenheit vieler oder zumindest mehrerer Marktteilnehmer bildet.

Das Auktionsverfahren bedeutet überdies eine Zentralisierung der Orderausführung und bietet aus diesem Grunde ein hohes Maß an Transparenz. Durch die Festsetzung gerechneter Kurse wird der Markt zudem „geräumt“; sämtliche zu einem bestimmten Zeitpunkt vorliegenden Aufträge werden nach dem Meistausführungsprinzip gleichzeitig und zu einem einheitlichen Kurs ausgeführt. Der Einheitskurs führt in der Regel zu einem getreuen Abbild der wirklichen Geschäftslage[47]. Eine weitgehend objektiv durchgeführte Preisfindung erscheint durch die bestehende Neutralitätspflicht der Kursmakler gesichert, deren Tätigkeit einer umfassenden Aufsicht unterliegt[48].

Die gegenwärtige Handelsorganisation weist auch im Hinblick auf andere Anlegerschutzmechanismen wesentliche Vorzüge auf. Der Kursmakler unterliegt einem Kontrahierungszwang, der ihm die Verpflichtung auferlegt, ständig anwesend zu sein und Vermittlungsverträge zu schließen und auszuführen[49]. Auf diese Weise ist eine wesentliche Vorkehrung getroffen, um das

---

[44] S. S. 97 ff.

[45] S. etwa S. 86 f.

[46] Zum Begriff s. S. 38.

[47] S. Schwark, Gutachten I, S. 12 f.

[48] Schwark, Gutachten I, S. 13.

[49] S. S. 46 f. Marketmaker etwa an der Londoner Börse sind im Handel untereinander nicht zum Geschäftsabschluß verpflichtet (HB v. 25.1.89), die Umsatztätigkeit kann daher theoretisch zum Erliegen kommen.

Funktionieren des Marktes zu garantieren. Einem Marketmaker kann zwar ebenfalls vorgeschrieben sein, den Wertpapierhandel durch ständige Angabe von Geld- und Briefkursen aufrechtzuerhalten und seine Gebote für eine gewisse Mindestschlußzahl und Zeit verbindlich zu machen. Wirklich durchsetzen lassen sich entsprechende Regelungen allerdings kaum. Einem Eigenhändler verbleibt in jedem Falle die Möglichkeit, seine Gebote in einer für Interessenten derart unattraktiven Weise zu kalkulieren, daß er mit einer Inanspruchnahme nicht rechnen muß. Läßt sich ein Papier nur bei einigen wenigen oder gar nur einem Marketmaker umsetzen, erscheint dieses Problem besonders virulent.

Zu berücksichtigen bleibt ferner, daß mit dem Kursmakler ein wirtschaftliches Korrektiv im Börsengeschehen entfiele[50]. Ein Marketmaker handelt nur eigene Bestände. In diesem Zusammenhang könnte die Versuchung bestehen, der Marktlage nicht angemessene Preise durchzusetzen. Es läßt sich denken, daß ein durch den Anleger beauftragter Kommissionär diesem Bestreben nicht in jedem Falle entschlossen entgegentreten wird. Im Falle der Ausführung einer Kauforder etwa richtet sich sein Interesse auf einen hohen Kaufpreis, da sich seine Provision prozentual errechnet, steht also in Konflikt zu dem Interesse des Auftraggebers. Der amtliche Makler füllt demgegenüber — abgesehen von seiner eng zu begrenzenden Eigengeschäftstätigkeit[51] — im wesentlichen die Funktion eines neutralen Vermittlers aus, der zwischen den Parteien steht und sämtliche Interessen gleichmäßig zu beachten hat.

---

[50] Schwark, Gutachten II, S. 23.

[51] S. S. 99 ff.

R. Schlußbemerkung

Zusammenfassend läßt sich feststellen, daß der Kursmakler einen wesentlichen Beitrag zur Funktion des Marktes „Börse" und zur Verwirklichung des Anlegerschutzes leistet. Gleichwohl ist abzusehen, daß seine Bedeutung im Zuge fortschreitender Technisierung und Internationalisierung des Börsenhandels zurückgehen wird und unter Umständen vollständig schwindet[1].

Im Hinblick darauf, daß sich das Institut des amtlichen Maklers über lange Jahrzehnte hinweg bewährt hat, sollte seine Existenz jedoch nicht leichtfertig aufgegeben werden.

Auf einem Gebiet erscheint seine Tätigkeit besonders wichtig. Die Einführung neuer Handelssysteme vernachlässigt die Belange derjenigen Anleger, die sich nicht berufsmäßig mit dem Wertpapierhandel beschäftigen. Der amtliche Makler vermag als neutraler Sachwalter in dieser Hinsicht einen gewissen Ausgleich zu schaffen.

Die durch die Börsengesetznovelle des Jahres 1989[2] eingeführten Vorschriften bedeuten keine Anpassung der Maklerstellung an das sich wandelnde Umfeld. Sie beschränken sich vielmehr auf einige wenige Teilaspekte. Um den Kursmakler in die Lage zu versetzen, seiner durch das Börsengesetz festgelegten Funktion auch künftig gerecht werden zu können, ist dagegen eine Verstärkung seiner rechtlichen Position erforderlich.

Die amtliche Kursfeststellung sollte der ausschließlichen Kompetenz des Kursmaklers überantwortet, der entsprechende Ausnahmetatbestand des § 35 Abs. 1 Nr. 1 BörsG gestrichen werden. Auf diese Weise würde seine Stellung gegenüber denkbaren Einflüssen von außen weiter gestärkt.

Im Rahmen der Schaffung eines „Finanzplatzes Deutschland" ist dafür Sorge zu tragen, daß der Kursmakler an allen deutschen Einzelbörsen auftreten kann. Seiner Bestellung ist die Wirkung beizulegen, daß er an sämtlichen Plätzen wie ein gemäß § 7 BörsG zum Handel zugelassener Börsenbesucher tätig werden darf, entgegenstehende Bestimmungen sollten beseitigt werden. Technische Voraussetzungen für diese interbörsliche Tätigkeit bildet die Gewährung des Rechtes, an der Benutzung der elektronischen Einrichtungen

---

[1] S. FAZ v. 28.1.89.

[2] BGBl. I, S. 1412 ff.

zur Abwicklung des platzübergreifenden Effektenverkehres partizipieren zu dürfen.

Ferner sind Voraussetzungen zu schaffen, die es dem als Einzelperson am Geschäftsverkehr teilnehmenden Kursmakler ermöglichen, die ständig wachsenden Anforderungen auch finanziell zu bewältigen. In diesem Zusammenhang erscheint es zumindest notwendig, die Bildung steuerbegünstigter Rückstellungen zuzulassen, mit denen kapitalkräftige Haftungsfonds unterhalten werden könnten.

Bei Verwirklichung derartiger Regelungen dürfte der Kursmakler auch künftig einen anerkannten Platz im deutschen Börsensystem einnehmen.

Literaturverzeichnis

Apt, Max: Über § 30 Abs. 2 des Börsengesetzes und § 9 b der Maklerordnung für Berlin, Holdheims Monatsschrift 1897, 303

Badura, Peter: Das Verwaltungsmonopol, Berlin 1963

Baumbach, Adolf / *Duden*, Konrad / *Hopt*, Klaus: Handelsgesetzbuch, Kurzkommentar, 28. Aufl., München 1989

Bernstein, Otto: Das Börsengesetz, Kommentar, Berlin 1910

Beyer-Fehling, Hermann / *Bock*, Alexander: Die deutsche Börsenreform, Kommentar zur Börsengesetznovelle, Frankfurt/Main 1975

Bletz, Ralf: Börsentermingeschäft, Termin- und Differenzeinwand, BB 1987, 627

Bley, Siegfried: Grundlage und Praxis des Wertpapiergeschäftes, 4. Aufl., Stuttgart 1979

Börsenenquetekommission: Register zu den stenographischen Berichten über die Sachverständigen-Vernehmungen, Berlin 1893 (zitiert: BEK)

Bremer, Heinz: Grundzüge des deutschen und ausländischen Börsenrechtes, Berlin 1969 (zitiert: Bremer, GdB)

— Zur Rechtsproblematik der Börsengebühren, JR 1957, 328

Brestel, Heinz: Auf dem Weg zur Weltbörse, FAZ vom 26.1.1985, S. 13

Breuer, Rolf-E.: Neue Strukturen für den außerbörslichen Handel, Die Bank 1989, 412

Bruns, Georg / *Rodrian*, Heinrich: Wertpapier und Börse, Loseblattsammlung, Berlin, Stand: April 1988

Bürger, Martin: Die Arten der Kursfeststellung an den Weltbörsen Berlin, Paris, London und New York, Diss. Heidelberg 1913

Büschgen, Hans E.: Das kleine Börsenlexikon, 17. Aufl., Köln 1987

Centralverband des Deutschen Bank- und Bankiergewerbes (Hrsg.): Kommentar zum Börsengesetz, Berlin 1909 (zitiert: CV-Bearbeiter)

Claussen, Carsten P.: Die einzelnen Marktsegmente an deutschen Wertpapierbörsen, in: Beiträge zum Börsenrecht, S. 45 (Hrsg.: W. Hadding und U. H. Schneider), Frankfurt/Main 1987

Cosack, Konrad: Lehrbuch des Handelsrechts, 9. Aufl., Stuttgart 1922

Dalwigk zu Lichtenfels, Reinhard Freiherr von: Das Effektenkommissionsgeschäft, Köln 1975 (zitiert: Dalwigk)

Degner, Harald: Gesetz zur Änderung des Börsengesetzes vom 28. April 1975, Gegenüberstellung der alten und neuen Fassung mit Erläuterungen, WM 1975, Beilage 3

Dingeldey, Thomas: Insider-Handel und Strafrecht, Köln 1983

Düringer, Adelbert / *Hachenburg*, Max: Das Handelsgesetzbuch, Kommentar, I. Band, Allgemeine Einleitung und §§ 1-104, 3. Aufl., Mannheim 1930 (zitiert: Düringer-Hachenburg-Bearbeiter)

Ebenroth, Carsten Thomas / *Einsele*, Dorothee: Rechtliche Hindernisse auf dem Weg zur „Goffex", ZIP 1988, 205 (zitiert: Ebenroth)

Eizenga, Wietze / *Pfisterer*, Hans: Tendenzen im Börsenwesen, Neue Instrumente und Märkte, mehr Wettbewerb, Die Sparkasse 1985, 470 (zitiert: Eizenga)

Franke, Jörg: Das neue Börsenrecht, ZfgK 1975, 645

— Gesetzesnovelle bringt Schwung in den Freiverkehr, HB vom 30.8.1988, S. 24

Freund: Die Verteilung der Geschäfte unter die Kursmakler nach den Bestimmungen des Börsengesetzes, der Börsenordnung in Berlin vom 23. Dezember 1896 und der Maklerordnung für Berlin vom 4. Dezember 1896, Holdheims Monatsschrift 1897, 224

Gericke, Horst: Die Börsenzulassung von Wertpapieren, Wiesbaden 1961

Gerke, Wolfgang / *Aignesberger*, Christof: Risikokapital über die Börse, Mannheimer Bankenforum, Symposium 25.1.1985, Berlin 1986 (zitiert: Gerke)

Gierke, Julius von / *Sandrock*, Otto: Handels- und Wirtschaftsrecht, Band 1, Allgemeine Grundlagen, Der Kaufmann und sein Unternehmen, 9. Aufl., Berlin 1975

Göppert, Heinrich: Das Recht der Börsen, Berlin 1932

Häuser, Franz: Der Börsenterminhandel in der neueren Praxis, ZIP 1981, 933

Hammen, Horst: Bemerkungen zur Dogmatik des Aktienoptionsgeschäftes, ZIP 1987, 151

Hanke, Wolfgang: Die Novellierung des Börsengesetzes, Bank-Information 1975, Teil I in: Heft 6, 10; Teil II in: Heft 7, 17 (zitiert: Hanke I bzw. Hanke II)

Hauck, Michael: Weltbörsen bald durchgehend geöffnet? Das Wertpapier 1987, 1006

Heilborn, E.: Die Kursmakler als Versteigerer, Bankarchiv 1903, 189

Hemptenmacher, Th.: Börsengesetz, Kommentar, Berlin 1908

Heymann, Ernst: Der Handelsmakler, in: Handbuch des gesamten Handelsrechts, Band 5, Halbband 1, S. 321 (Hrsg.: Victor Ehrenberg), Leipzig 1928

Hock, Otto: Das Maklerwesen an der Wertpapierbörse zu Frankfurt am Main, Diss. Frankfurt/Main 1927

Hopt, Klaus / *Will*, Michael: Europäisches Insiderrecht, Stuttgart 1973 (zitiert: Hopt)

Huber, Ernst Rudolph: Wirtschaftsverwaltungsrecht, 1. Band, 2. Aufl., Tübingen 1953

Jockisch, Walter: Der Kursmäkler, Diss. Breslau 1922

Kalenberg, Michael: Stärkung des Börsenplatzes Deutschland durch Börsenzentralisierung, ZfgK 1988, 180

Keßler, Jörg-Ronald: Nochmals: Aussetzung einer Börsennotiz, AG 1965, 106

Knipp, Thomas: Strengere Kontrollen für Freimakler an der Frankfurter Börse, FAZ vom 3.6.1989, 11

Kopp, Ferdinand: Verwaltungsgerichtsordnung, Kommentar, 7. Aufl., München 1986

Kriebel, Horst: Warenbörsen und warenbörsenähnliche Einrichtungen in der Bundesrepublik Deutschland, Stuttgart 1960

Kümpel, Siegfried: Börsenrechtliche Fragen bei Schaffung des Geregelten Marktes, in: Festschrift für Klemens Pleyer zum 65. Geburtstag, S. 59, Köln 1986 (zitiert: Kümpel, FS Pleyer)

— Zur Sicherheitsleistung beim börsenmäßigen Optionsgeschäft mit Auslandsberührung, DB 1973, 755

— Amtlicher Markt und Freiverkehr an der Börse aus rechtlicher Sicht, WM 1985, Beilage 5

— Rechtsfragen des Differenzgeschäftes in der Börsenpraxis, WM 1987, 1321

— Die Preisfeststellung im Geregelten Markt, WM 1988, 1621

— Börsengesetznovelle 1989, Teil I, WM 1989, 1313

Matthes, Gottfried: Das Recht des Kursmaklers, Marburg 1932

Maunz, Theodor / *Dürig*, Günter: Grundgesetz, Kommentar (Loseblattsammlung), München, Stand: November 1988 (zitiert: M/D/H/S)

Meyer, Oscar / *Bremer*, Heinz: Börsengesetz, Kommentar, 4. Aufl., Berlin 1957

Mülhausen, Dieter: Grenzen der Kursmaklertätigkeit, WM 1983, 434

— Ein Jahr Geregelter Markt, Die Bank 1988, 342

Müller, Armin: Börsenreform dringend vonnöten, Die Sparkasse 1986, 378

Müller, Klaus: Die Pflichten des öffentlich bestellten und vereidigten Sachverständigen, DB 1972, 1809

Müller, Mario: Big Bang in Frankfurt, WiWo vom 17.2.1989, 48

Müller, Klaus / *Steuer*, Stephan: Rentenoptionshandel und Neuerungen bei Aktienoptionen, Die Bank 1986, 182

Müller-Stahl, Ingo: Der geregelte Freiverkehr, Diss. Köln 1971

von Münch, Ingo (Hrsg.): Grundgesetz-Kommentar, Band 1, Präambel bis Art. 20, 3. Aufl., München 1985 (zitiert: von Münch-Bearbeiter)

Münchener Kommentar zum Bürgerlichen Gesetzbuch: Band 1: Allgemeiner Teil / AGB-Gesetz, München 1978; Band 3: Schuldrecht Besonderer Teil, 2. Halbband, §§ 652-853, 2. Aufl., München 1986 (zitiert: Müko-Bearbeiter)

Nedon, Hans: Die rechtliche Stellung des Kursmaklers, Diss. Leipzig 1936

Nußbaum, Arthur: Börsengesetz, Kommentar, München 1910

Obst, Georg / *Hintner*, Otto: Geld-, Bank- und Börsenwesen, 38. Aufl., Stuttgart 1988

— Geld-, Bank- und Börsenwesen, 37. Aufl., Stuttgart 1980 (zitiert: Obst/Hintner, 37. Aufl.)

Olenhusen, Peter Götz von: Börsen und Kartellrecht, Baden-Baden 1983

Oppermann, Georg / *Degner*, Harald: Börsen- und Wertpapiergeschäfte, 4. Aufl., Frankfurt/Main 1981 (zitiert: Oppermann)

o. V.: Die Kursmakler fordern größeren Einfluß, AG 1987, R 86

o. V.: Börsenaufsicht prüft Vermögensstatus der Makler, AG 1988, R 10

o. V.: Nur noch drei Börsensegmente, AG 1988, R 154

o. V.: Kursmakler fordern platzübergreifenden Handel, AG 1989, R 92

o. V.: Optionen und Futures sollen die Börse aufwerten, BZ vom 9.6.1987, 3

o. V.: Grundsätze für das Telefonieren der Makler, BZ vom 7.12.1988

o. V.: Wie man Aktien per Knopfdruck kauft, FAZ vom 19.6.1986, 14

o. V.: Unterschiedliche Standpunkte zu den Börsenzeiten, FAZ vom 19.10.1987, 18

o. V.: Makler AG, FAZ vom 30.6.1988, 9

o. V.: Börsengeschäfte in Zukunft ohne Makler, FAZ vom 28.1.1989, 13

o. V.: Frankfurts Vorrang gibt den Ausschlag, HB vom 27.11.85

o. V.: Nicht-öffentliche Anleihen bieten ein höheres Risiko, HB vom 25.3.86, 31

o. V.: Makler verweisen auf ihr hohes Risiko, HB vom 18.6.86, 33

o. V.: Risikokapital der Makler unzureichend, HB vom 25.9.86, 29

o. V.: Ab Mai nur noch ein „Freiverkehr" für Aktien, HB vom 29./30.4.88, 31

o. V.: Die Präsenzbörsen nicht zugunsten des Market-Maker-Systems opfern, HB vom 5.5.88, 25

o. V.: Springer-Aktien / Ein Insiderfall? Berliner Börse erwägt Prüfung, HB vom 26.5.88, 1

o. V.: Der Eurobondmarkt boomt weiterhin, HB vom 6.6.88, 32

o. V.: Handelsaussetzung bringt keine Vorteile, HB vom 1./2.7.88, 26

o. V.: Ein einheitlicher Markt ist bislang nicht in Sicht, HB vom 25.1.1989, 27

o. V.: Satzung für Marktmacher geändert, HB vom 25.1.1989, 32

o. V.: Neues System für den außerbörslichen Handel noch vor dem Start der DTB, HB vom 14.6.1989, 37

o. V.: „IBIS" und „PIPE" künftig unter Frankfurter Dach, HB vom 24.1.1990, 32

o. V.: Börsen-Kredithahn zugedreht, SZ vom 13.11.87

Pfleger, Franz Josef / *Gschwindt*, Ludwig: Börsenreform in Deutschland, Zweiter Abschnitt, Stuttgart 1896; Dritter Abschnitt, Stuttgart 1897 (zitiert: Pfleger/Gschwindt II, III)

Podlinski, Wilfried: Die Rechtsstellung des amtlichen Kursmaklers an den deutschen Börsen, in: Beiträge zum Börsenrecht, S. 59 (Hrsg.: W. Hadding und U. H. Schneider), Frankfurt/Main 1987 (zitiert: Podlinski)

— Automatisierung im Börsenverkehr, Die Bank 1978, 65

Reischauer, Friedrich / *Kleinhans*, Joachim: Kreditwesengesetz, Loseblattsammlung für die Praxis, Berlin, Stand: Juni 1989

Renner, Volker: Der Schutz des Kapitalanlegers gegen die Ausnutzung von Informationsvorteilen im Aktienhandel, Diss. Mannheim 1977

Riesenfeld, C. E.: Die Registerpflicht der Kursmakler, Holdheims Monatsschrift 1898, 10

Ringleb, Waldemar: Aussetzung einer Notiz, AG 1964, 299 f.

Rützel, Heinz-Klaus: Automation im Wertpapierverkehr (Hrsg.: Der Vorstand der Frankfurter Wertpapierbörse), Frankfurt/Main 1988

Schäfer, Frank: Grundzüge des neuen Börsenrechts, ZIP 1987, 953

Schlegelberger: Handelsgesetzbuch, Kommentar, 2. Band, § 48-104, 5. Aufl., München 1973 (zitiert: Schlegelberger-Bearbeiter)

Schlicht, Herbert: Börsenterminhandel in Wertpapieren, Frankfurt/Main 1972

Schlüter, Uwe: Die Rechtsstellung des Freien Börsenmaklers an den deutschen Börsen, in: Beiträge zum Börsenrecht, S. 81 (Hrsg.: W. Hadding und U. H. Schneider), Frankfurt/Main 1987

Schmidt, Hartmut: Börsenorganisation zum Schutze der Anleger, Tübingen 1970

Schönle, Herbert: Bank- und Börsenrecht, 2. Aufl., München 1976

Schubert, Otto: Der Aufgabevorbehalt beim Handelsmäkler, Diss. Göttingen 1928

Schwark, Eberhard: Börsengesetz, Kommentar, München 1976 (zitiert: Schwark)

— Die Stellung des Kursmaklers im deutschen Börsenwesen, Gutachten, Bochum 1988 (zitiert: Schwark, Gutachten I)

— Zur künftigen Struktur des deutschen Börsenwesens, Gutachten, Bochum 1989 (zitiert: Schwark, Gutachten II)

— Zur Aussetzung von Devisennotierungen durch die Börsen, WM 1971, 1258

— Das neue Kapitalmarktrecht, NJW 1987, 2041

— Der Börsentermin- und Differenzeinwand im Optionsscheinhandel, WM 1988, 921

Schwintowski, Hans-Peter: Das Optionsscheingeschäft: Naturalobligation oder unvollkommene Verbindlichkeit, ZIP 1988, 1021

Sommerfeld, H.: Börsenverkehr und Börsengeschäfte, Berlin 1931 (zitiert: Sommerfeld)

— Graphische Ermittlung des Einheitskurses, ZHH 1926, 273

Stanzel, Anton: Wohin geht die Börse?, ÖBA 1986, 519

Staub: HGB-Großkommentar, 2. Lieferung, § 84-104, 4. Aufl., Berlin 1983 (zitiert: Staub-Bearbeiter)

Staudinger: Kommentar zum Bürgerlichen Gesetzbuch, Zweites Buch: Recht der Schuldverhältnisse §§ 652-656, 12. Aufl., Berlin 1988 (zitiert: Staudinger-Bearbeiter)

Steiner, Udo: Der „beliehene Unternehmer“, Anmerkungen zu VG Münster, NJW 1967, 171, JuS 1969, 69

Stockburger, Albrecht: Die Zulassung von Personen zum Börsenhandel mit Wertpapieren im Lichte des Art. 12 Abs. 1 GG, in: Festschrift für Carl Hans Barz, S. 525, Berlin 1974

Thoden, Jörn: Börsentermingeschäfte in Deutschland und in der Schweiz, Diss. Münster 1975

Tilly, Wolfgang M.: Die amtliche Kursnotierung an den Wertpapierbörsen, Baden-Baden 1975

Triebel, Heinrich: Staatsdienst und staatlich gebundener Beruf, in: Festschrift für Karl Binding, Zweiter Band, S. 3, Leipzig 1911

Voss, Jürgen: Das US-Amerikanische Insiderkonzept, Köln 1984

Walter, Jörg: Rechtliche Aspekte der Zulassung als Freimakler an einer deutschen Wertpapierbörse, WM 1986, 1489

Werhahn, Jürgen / *Schebesta*, Michael: Die neuen Bankbedingungen, Kommentar, Stand: Juli 1988

Wiedenfeld, Kurt: Die Börse in ihren wirtschaftlichen Funktionen und ihrer rechtlichen Gestaltung vor und unter dem Börsengesetz, Berlin 1898

Wolff, Hans J. / *Bachof*, Otto: Verwaltungsrecht II, 4. Aufl., München 1976

Woopen, Herbert: Das Börsenrecht in der Reform, ZIP 1986, 254

Zahn, Johannes: Selbstverwaltung und Staatsgewalt im Börsengeschehen, AG 1978, 1

— Aktienanleger und Börse, ZGR 1981, 101

Ziganke, Hans: Zur bevorstehenden Aufnahme des Optionsgeschäftes in Aktien, WM 1969, 1290

Zöllner, Wolfgang: Wertpapierrecht, 14. Aufl., München 1987

Zwätz, Dietrich: Börsen der Zukunft (V). Die Computer informieren nicht nur, sie können sogar einen Markt machen, HB vom 11.2.1987, 25

— Suspendieren ist ein zweischneidiges Schwert, HB vom 22./23.4.1988, 30

Untersuchungen über das Spar-, Giro- und Kreditwesen

Abteilung A: Wirtschaftswissenschaft

Herausgegeben von G. Ashauer, W. Ehrlicher, H.-J. Krümmel, F. Voigt

Seit 1981 sind erschienen:

106 **Bankbetriebliche Kassenhaltung.** Von H. Wieneke. XIX, 386 S. 1981. DM 148,–

107 **Ökonomische Wirkungen von Wechselkursänderungen.** Von K.-W. Riechel. 173 S. 1981. DM 64,–

108 **Eigenkapital und Einlegerschutz bei Kreditinstituten.** Von A. Erdland. XVI, 546 S. 1981. DM 68,–

109 **Der optimale Geldmengenbegriff.** Von G. Förster. 229 S. 1981. DM 88,–

110 **Portfolioeffekte öffentlicher Kreditnahme.** Von H.-H. Francke. 221 S. 1981. DM 88,–

111 **Grundzüge einer „Soziotheorie" der Inflation.** Von J. Pfister. 282 S. 1981. DM 88,–

112 **Die Sonderziehungsrechte im internationalen Währungssystem.** Von M. Bargelame. 160 S. 1981. DM 58,–

113 **Geld- und Geldsubstitute in der Bundesrepublik Deutschland.** Von F. E. Reither. 195 S. 1981. DM 76,–

114 **Inflation, Beschäftigung und rationale Erwartungen.** Von R. Lübbers. 221 S. 1981. DM 88,–

115 **Führung und Zusammenarbeit in Sparkassen-Zweigstellen.** Von G. Knabe. 282 S. 1981. DM 76,–

116 **Wettbewerbspolitische Aspekte der Neuregelung des haftenden Eigenkapitals der Sparkassen im Bankenaufsichtsrecht.** Von M. Hieber. 144 S. 1982. DM 49,60

117 **Euromärkte und nationale Finanzmärkte : Eine Analyse ihrer Interdependenz.** Von J. H. Käsmeier. 179 S. 1984. DM 68,–

118 **Staatliche Agrarkreditpolitik und ländliche Finanzmärkte in den Ländern der Dritten Welt.** Von J. von Stockhausen. 291 S. 1984. DM 118,–

119 **Der Württembergische Sparkassenverbund 1916 - 1982.** Von M. Biehal. 345 S. 1984. DM 128,–

120 **Zinswirkungen der Staatsverschuldung.** Von H.-H. Francke und D. Friedrich. 138 S. 1984. DM 68,–

121 **Die permanente Einkommenshypothese.** Von A. J. Karmann. 142 S. 1985. DM 64,–

122 **Möglichkeiten einer binnenwirtschaftlich orientierten Geldpolitik bei weltweit hohen Zinsen.** Von H.-H. Francke, D. Friedrich, H.-B. Leibinger, S. Oesterlin, B. Rohwer. Mit einer Einführung von W. Ehrlicher. 240 S. 1985. DM 88,–

123 **Gebührenpolitik im Privatgiroverkehr der Kreditinstitute.** Von W. Gladen. 248 S. 1985. DM 88,–

124 **Zur Ableitung von Kapitalkosten aus dem diskreten Optionspreismodell.** Von M. Klug. 114 S. 1985. DM 66,–

125 **Fiskalpolitik unter veränderten Rahmenbedingungen.** Von H.-B. Leibinger. 256 S. 1985. DM 89,60

126 **Entscheidungsfindung im Bankenmarketing auf der Basis des Systemansatzes.** Von U.-K. König. 253 S. 1985. DM 88,–

127 **Die Kreditüberwachung im Bankbetrieb.** Von F. Dierkes. 139 S. 1986. DM 64,–

128 **Gold und Goldfutures.** Von A. F. W. Löhr. 217 S. 1986. DM 78,–

129 **Zur Theorie der nicht-monetär verursachten Inflation.** Von L. Menkhoff. 222 S. 1986. DM 86,–

130 **Der Einfluß der Geldpolitik auf die Kapitalmarktentwicklung.** Von S. Jander. 176 S. 1986. DM 68,–

131 **Inflation und Beschäftigung in Volkswirtschaften mit Güter- und Arbeitsmarktkontrakten.** Von U. Gröschel. 252 S. 1986. DM 112,–

132 **Zweck und Zweckmäßigkeit bankenaufsichtlicher Eigenkapitalnormen.** Von H. Degenhart. 246 S. 1987. DM 88,–

133 **Die inlandswirksame Geldmenge in einer interdependenten Welt.** Von G. Maier. 176 S. 1987. DM 88,–

134 **Technologiebewertung des internationalen Datennetzes der Kreditinstitute.** Von U. Schürenkrämer. 219 S. 1987. DM 86,–

135 **Konjunktur und Wachstum.** Von B. Rohwer. 341 S. 1988. DM 112,–

136 **Stabilisierungspolitik bei flexiblen Wechselkursen.** Von A. Palm. 150 S. 1988. DM 66,–

137 **Zur Interdependenz des europäischen Währungssystems und der privaten Verwendung von ECU.** Von H. Fuchs. XV, 258 S. 1989. DM 58,–

138 **Ausweis und Bewertung neuer Finanzierungsinstrumente in der Bankbilanz.** Von A. Schwarze. 240 S. 1989. DM 78,–

139 **Strategien mit Aktienkursindex-Instrumenten.** Von A. Gießelbach. 300 S. 1989. DM 98,–

140 **Devisen- und Zinstermingeschäfte in der Bankbilanz.** Von M. Rübel. 345 S. 1990. DM 128,–

141 **Das Instrumentarium der Deutschen Bundesbank seit dem Übergang zur Geldmengensteuerung.** Von S. Beckh. 133 S. 1990. DM 54,–

Duncker & Humblot · Berlin